Los
LIBRES
no reconocen
RIVALES

Paco Ignacio Taibo II

Los
LIBRES
no reconocen
RIVALES

Planeta

Diseño de portada: Lizbeth Batta Fernández
Adaptación de portada: Rodrigo Arceo Texcahua

© 2012, Paco Ignacio Taibo II

Derechos reservados

© 2012, Editorial Planeta Mexicana, S.A. de C.V.
Bajo el sello editorial PLANETA M.R.
Avenida Presidente Masarik núm. 111, 2o. piso
Colonia Chapultepec Morales
C.P. 11570 México, D.F.
www.editorialplaneta.com.mx

Primera edición: mayo de 2012
ISBN: 978-607-07-1144-2

Impreso en los talleres de Litográfica Cozuga, S.A. de C.V.
Av. Tlatilco núm. 78, colonia Tlatilco, México, D.F.
Impreso y hecho en México – *Printed and made in Mexico*

Los libres no reconocen rivales, y ejemplos mil llenan las páginas de la historia de pueblos que han vencido siempre a los que intentaron dominarlos.

IGNACIO ZARAGOZA,
en Chalchicomula, 14 de abril de 1862

La guerra comenzó con todos sus horrores, la intervención con todas sus infamias.

FRANCISCO ZARCO

La razón suprema es la conciencia.

GUILLERMO PRIETO

Los que contamos la historia trabajamos en supercarreteras levantadas sobre caminos que fueron empedrados por otros colegas; es pues de rigor dedicar este libro a los desaparecidos Boris Rosen, maravilloso antologador y recopilador del liberalismo mexicano (las obras de Zarco, Prieto, Payno), y Martín Reyes Vayssade, autor del mejor libro sobre la deuda externa y los pretextos para la intervención, gran amigo y de poco conocida trayectoria militante. Lástima que no pueda entregarles un ejemplar en la mano.

Este libro es una primera aproximación a la que debería ser una larga historia sobre la Reforma, desde su gestación en la revolución de Ayutla y la caída de Santa Anna hasta el fin del imperio. Al tener como eje la batalla de Puebla del 62, pasa a toda velocidad por sus antecedentes y menciona brevemente sus secuelas. Estoy públicamente endeudado con la escritura de la historia de esa República chinaca cuyos ecos tienen tanto peso en el México actual. No estaría de más decir que de aquellos polvos salieron tolvaneras que ahora se volverán tormentas.

0

Esta es una historia que en México pareciera haber sido tan mal contada tantas veces, en tantos salones de clase y en tantas aburridas ceremonias cívicas, que hacerlo de nuevo resulta un abuso. Y sin embargo, cuando rastreo personajes y momentos, datos aparentemente intranscendentes, pequeñas historias, no dejo de sorprenderme, emocionarme, ilusionarme.

Pareciera que debajo de la capa de niebla que construyó la historia oficial y la retórica ceremonial, hay oculta otra historia, repleta de referencias, identidades, propuestas, conexiones para los mexicanos de hoy en día.

Hoy resuenan, como banda de guerra amateur desatada por el júbilo de darle al tambor y hacer vibrar el aire con el clarín, las hazañas de aquel antiimperialismo de supervivencia, la dignidad de unos, el rastrero comportamiento de otros. Y a su lado un centenar de preguntas.

¿De dónde salió el mito de que fueron los zacapoaxtlas los que ganaron la batalla de Puebla? ¿De dónde la extraña idea de la fraternidad en el partido de los republicanos puros, los rojos, enzarzados en debates y diferencias? ¿De dónde la supuesta unanimidad del México resistente que parece ignorar piadosamente a hordas de traidores, chaqueteros, vendepatrias? ¿Por qué no se cuenta la furiosa actitud de Zaragoza ante una ciudad de Puebla que no le daba de comer al Ejército de Oriente, y una burguesía y un alto clero que andaban rogando por que los franceses vencieran? ¿Por qué no se profundiza en las dudas del joven general que pareciera no acabar de creerse su victoria?

Afortunadamente el pasado no pasa nunca.

1

El México pluriétnico del siglo XIX

Desde el México de hoy, la generación de militantes, de cuadros político-militares que hizo la Reforma, nos resulta extraordinariamente atractiva: abogados que se interesaban por la astronomía, poetas que se transmutaban en coroneles y generales, periodistas que se volvían ministros, generales que se hacían constitucionalistas como Leandro Valle, sastres, rancheros o empleados de comercio que se tornaban generales como Arteaga, Escobedo y Zaragoza.

Patriotas todos, enloquecidamente patriotas.

Terriblemente celosos de su independencia y dotados de espíritu crítico, honestos hasta la absoluta pobreza —como Guillermo Prieto que, tras haber sido ministro de Hacienda, dos veces lo enterraron con un gabán al que le faltaban dos botones— y dotados de un sentido de servicio al país que sintetizaba la frase de Melchor Ocampo: servir a la patria era una honra, no un botín.

Adictos, como Altamirano y Ramírez, a la educación, las academias, las escuelas, las universidades, los clubes literarios, el teatro, el *music hall*, las imprentas, como Vicente Riva Palacio, que en la guerra contra los imperiales, cuando en la huida su brigada se vio obligada a elegir entre un cañón y una pequeña imprenta, seleccionó la segunda porque «esas balas sí matan». Amantes de los periódicos, de la libertad de prensa, del flujo de la información que libera, como Francisco Zarco, en un país en que apenas la décima parte de la población sabía leer; conscientes de que los que leían se lo contaban a otros y estos a otros y así la palabra y el pensamiento circulaban.

Obsesionados por la iluminación, las luces, los adelantos, el conocimiento, la ilustración, la ciencia. Atrapados sin quererlo en el amor a las bombas de agua, las fraguas, los elevadores, las carreteras, el ferrocarril, sin acabar de entender que en sus ruedas transportaría no solo el progreso sino también una nueva forma de barbarie.

Casi ninguno, si excluimos al Nigromante y a ratos a Altamirano, tenía sensibilidad ante el mundo indígena donde se refugiaba el clero rural, el eterno enemigo del Estado y del desarrollo. Pagarían su error al no entender que había un camino en reconocer al México pluriétnico, levantado sobre la igualdad, pero también sobre las diferencias.

Los salvaba una mentalidad que no daba por bueno lo históricamente inevitable, que veneraba las costumbres, lo popular, al pueblo llano, a los trabajadores y los artesanos, los oficios mayores como el de impresor o los pequeños como el pajarero.

Federalistas hasta la obsesión, reaccionando ante los terribles males que el centralismo había producido en el país y premonitoriamente proponiendo el modelo federal y la limitación del presidencialismo, ante un México como el nuestro, enfermo de centralismo, que no habrían de conocer.

Vivían en la retórica, apelaban a las grandes palabras, les gustaban los brindis, los discursos, las «coronas», los homenajes. Los salvaba el sentido del humor, punzante, maligno, como el del general González Ortega, poeta comecuras en la adolescencia. Los mejoraba su ingenio, su capacidad de resistir las críticas que se expresaba en una defensa a ultranza de la libertad de expresión. Poseían una independencia de criterio que a veces los hacía perder hasta las mejores amistades y las más sólidas alianzas.

Grafómanos hasta el agotamiento de papel, pluma y tinteros, en una época que no proporcionaba ni modestas máquinas de escribir, lo que haría que la obra de una docena de ellos pudiera llenar una pequeña biblioteca.

Orgullosos pero humildes, como Santos Degollado, que siendo general cosía los botones y remendaba la ropa de sus soldados.

Endiabladamente inteligentes, agudos, esforzados, laboriosos.

Dotados de una curiosidad infinita y de una vocación de poner en el papel las historias y las cosas para que no desaparecieran. Defensores de la parte radical de la independencia, de la que se sentían herederos, y sobre todo, de la memoria.

Estos ciudadanos vivieron una revolución, la de Ayutla, para librarse de la ignominia del santanismo; una guerra civil, la de Reforma, para liberarse de la trilogía maldita que había destruido el país: clero, agiotistas y militares profesionales; un enconado debate que dio nacimiento a la Constitución de 1857; dos guerras contra gobiernos extranjeros, la de 1846 contra los gringos y la intervención francesa; multitud de asonadas, cuartelazos. Prácticamente, en treinta años no tuvieron respiro.

2

El presidente Juárez

Al iniciarse el año 1861, el gobierno encabezado por Benito Juárez sobrevivía penosamente a los miles de embates que le caían encima de todos los espacios y recovecos de la escena nacional, y no el menos poderoso de ellos venía desde el pasado. Un país sin recursos económicos, donde los mejores proyectos no tenían vía de realización, extenuado por las guerras y los golpes de Estado. A esto se unía la reciente pérdida de varios de sus más importantes cuadros porque tras la guerra de Reforma habían muerto asesinados por las guerrillas conservadoras Melchor Ocampo, Santos Degollado, Leandro Valle. En ese año moriría Gutiérrez Zamora, gobernador del bastión liberal de Veracruz, y Miguel Lerdo de Tejada, clave junto a su hermano Sebastián en la formulación de las Leyes de Reforma. Tiene razón Martín Reyes cuando registra «la sensación de indefensión que tiene la República ante las bajas».

Juárez ha incorporado lo mejor del país a su gobierno, pero el gabinete es inestable: a pesar de que ha ganado ampliamente la última elección contra González Ortega, solo tiene cinco votos de mayoría para confirmar su victoria. La reacción derrotada en la guerra de Reforma mantiene guerrillas en muchas partes de México, una de ellas con números importantes, la de Leonardo Márquez. Karl Marx, un reportero político alemán de temas internacionales, escribía: «El partido liberal dirigido por Juárez lleva la ventaja en casi todos los puntos del país (…). La última esperanza del partido católico era la intervención española».

Y en Europa, no solo en España sino en Inglaterra y Francia conspiraban contra la República: restos del aparato diplomático de los ex presidentes golpistas y conservadores Zuloaga y Miramón, exiliados monárquicos como Gutiérrez de Estrada e Hidalgo, embajadores santanistas como Juan Nepomuceno Almonte en París y Miguel Miramón en La Habana, último reducto del desaparecido imperio colonial español.

El pretexto para la intervención era la «deuda extranjera».

El poeta Ignacio Rodríguez Galván, muerto unos cuantos años antes, había escrito hacía dos décadas un poema titulado *La profecía* en que auguraba: «Europa se aprovecha/ de nuestra inculta vida,/ cual tigre nos acecha/ con la garra tendida/ y nuestra ruina próxima/ ya celebrando está». Su pronóstico era lamentablemente justo.

3

El banquero Jecker

Y qué era la famosa deuda extranjera? Una cifra que a lo largo de los siguientes meses habría de variar según quien la calculara, pero que oscilaba en torno a los 82 millones de pesos, que el gobierno mexicano le debía a ciudadanos (no a las naciones) de Inglaterra, Francia y España.

De los 82 millones de pesos, se debían a ingleses casi 70, a españoles 9.5 y tan solo 2 859 917 a los franceses.

¿Y los debía el gobierno mexicano? Difícilmente se podía entender así. La mayor parte eran deudas contraídas en los últimos momentos del santanismo, otro tanto eran préstamos realizados a los gobiernos ilegítimos de Zuloaga y Miramón durante la guerra de Reforma.

El más agresivo demandante de la deuda era el gobierno imperial francés de Napoleón III, aunque la suya fuera la menor. La mayor parte del monto estaba integrada por 1.6 millones de pesos, producto de los bonos Jecker, y el argumento para cobrarlos era que, como más tarde le reclamaría el embajador francés Dubois de Saligny a Zarco, ministro de Relaciones Exteriores, «muchos súbditos franceses poseían esos bonos». Todo el asunto era verdaderamente descarado, rayando en lo increíble.

Jean-Baptiste Jecker fue uno de los personajes más sorprendentes que han cruzado la historia de México, un banquero suizo que se nacionalizó francés, originalmente especulador de tierras, metido en todos los negocios turbios que el santanismo le permitió, buscador de oportunidades en el límite de la legalidad (propuso deslindar tierras en Sonora y Yucatán, quedándose con un enorme porcentaje), agiotista, banquero de ocasión de los gobiernos en turno, le había prestado a Miramón 1.5 millones de pesos (solo 619 mil en efectivo y 368 mil en uniformes) a cambio de una emisión de 15 millones de pesos en bonos de deuda nacional. El 19 de mayo de 1860 la Banca Jecker quebró, de tal manera que en diciembre, cuando los liberales triunfaron en Calpulalpan y tomaron la Ciudad de México, encontraron el desbarajuste heredado y a un Jecker que aun sin banco persistía en cobrar las supuestas deudas que la nación tenía con él.

El 17 de julio de 1861 el gobierno de Juárez, ante la

crisis que producían las arcas nacionales vacías, decretaba una moratoria de dos años al pago de la deuda extranjera, para poder recibir el producto íntegro de las rentas federales que avalaban la misma.

El *Times* de Londres, en palabras de su corresponsal, declaraba: «Nada, fuera de la intervención extranjera en una u otra forma, puede poner fin al terrible desorden actual» y enumeraba los asesinatos y robos en México a ciudadanos ingleses, aunque curiosamente reconocía que la mayoría de los hechos habían sido protagonizados por gavillas conservadoras.

Para complicar más aún la situación, en abril de 1861 estalló la guerra de Secesión en Estados Unidos, lo que aumentó los apetitos europeos sobre Iberoamérica, privados temporalmente de un competidor: los conspiradores parisinos, los intervencionistas ingleses y de postre los españoles, que en el fondo pensaban en la restauración del imperio colonial, con la punta de lanza cubana y con quienes las relaciones estaban rotas desde la expulsión del ministro Pacheco, comenzaron a actuar de manera aún más descarada.

La respuesta a las conspiraciones fue la convención tripartita de Londres formada por España, Francia e Inglaterra, y un acuerdo firmado el 31 de octubre de 1861 para reclamar la deuda y declarar en pleno tono imperial que iban a «enviar a las costas de México fuerzas de mar y tierra», aunque en uno de los últimos artículos establecían de manera bastante cínica que no tenía el convenio por objeto «adquisición de territorio».

Juárez se pronunció ante el pacto tripartito: «México rechazará la fuerza con la fuerza, está dispuesto a satisfacer las reclamaciones fundadas en la justicia y la equidad pero por ningún motivo aceptará condiciones que ofendan la dignidad de la nación».

Pero de poco valían las palabras ante los tres grandes poderes militares de Europa, que habían construido una pantalla común que encubría sus propias agendas.

Años más tarde Schloesing le diría al mariscal francés Forey: «En su corta existencia como nación independiente, [México] ha pagado diez veces el importe de sus deudas, sin haber logrado saldarlas».

Desembarco de los franceses en Veracruz

Ya desde un mes antes del acuerdo, en septiembre de 1861, había llegado la flota española a Veracruz, con marinos e infantería que sumaban 6 200 hombres.

El gobierno mexicano, sin fuerzas navales, decidió no dar combate en Veracruz, que fue tomada. Con ello se privaba a la República de los ingresos aduanales del puerto, su fuente más importante de entradas fiscales.

Éxodo de hombres, mujeres y niños, lazos de luto en las puertas de las casas. Hasta el *Times* de Londres tuvo que reconocer que «una multitud aterrorizada abandona la ciudad», lejos de la supuesta bienvenida jubilosa que tanto se había anunciado.

Juárez intenta negociar en condiciones de debilidad, con un gobierno al que tan solo dos diputados dan mayoría, sometido a crítica permanente desde el interior de la fracción de los liberales puros, atacado por el centro y enfrentado con una guerra a muerte por la derecha en armas.

El 23 de noviembre México se retracta del acuerdo de la moratoria firmado en julio y reconoce la deuda. Las peticiones son insultantes, van desde que la administración debería enviar a España una comisión para que se disculpase, hasta el pago inmediato de la deuda o la entrega de los puertos más importantes del país. El gobierno no puede ceder en todo; la negociación tiene límites.

¿Qué pretenden los intervencionistas? ¿Que se produzca un alzamiento en México, al que luego apoyarán, contra el gobierno de Juárez? Los plenipotenciarios se aproximan a Comonfort y a Doblado para ver si los atraen a una posición de apoyo a las reclamaciones.

Daba comienzo la intervención, lo que Karl Marx, escribiendo para el *New York Tribune,* llamaría «Una de las empresas más monstruosas que se hayan registrado en los anales de la historia universal».

Entre el 6 y el 8 de enero llegan a Veracruz la flota y 800 infantes de marina ingleses y la flota con 2 600 francotiradores e infantes de marina franceses. Edmond Jurien de La Gravière, almirante al mando de los franceses, ofrece un discurso a sus fuerzas en Veracruz, donde dice que vienen a salvar a la República que se encuentra en estado de anarquía.

Zarco contará que si hay que ceder sería «en beneficio de la paz, mas no porque reconozca ninguna justicia». Pero de nuevo la negociación tiene límites. Pronto Francisco Zarco renunciaría a la Secretaría de Relaciones Exteriores y Juárez lo sustituiría por el más moderado Manuel Doblado buscando la conciliación, dividir a la intervención tripartita y ganar tiempo.

El conde de Saligny

El normando Jean Pierre Isidore Alphonse Dubois de Saligny era todo un personaje: a tercias protagonista de comedia picaresca, a tercias figura central maligna de un melodrama, a tercias la caricatura de su propio imperio. Había llegado a México como embajador durante los últimos meses de la guerra de Reforma (noviembre de 1860) y de inmediato se involucró en los asuntos internos del país, reconociendo al presidente Miramón y a los conservadores, y chocando brutalmente con el gobierno juarista al triunfo liberal. Usando su condición de embajador protegió la huida de Miguel Miramón, disfrazado de marino, en un buque de guerra francés.

Entre las reclamaciones que Francia haría a México se encontraba que su embajador había sufrido un atentado, a causa de un ridículo pretexto: se encontró una bala en los pasillos de su casa durante la etapa de las negociaciones. En noviembre de 1861, estando borracho, Saligny comenzó a echar pestes sobre México y casi fue linchado por los que iban pasando. Protegió a los curas reaccionarios ante las Leyes de Reforma y no dejó pasar oportunidad de negociar con los usureros que trataban de estrangular económicamente a la República. Martín Reyes lo describirá acertadamente como «un agente provocador al servicio de la causa clerical y de los agiotistas que sangraban al país».

Tenía 32 años en el servicio diplomático, había representado a su país ante la naciente República de Texas y en Washington, y si no le faltaba experiencia, le sobraba arrogancia. Habría de confesar, hablando de México, «el profundo sentimiento de repugnancia que me inspiran los hombres y las cosas de este país».

Ojos muy juntos y cara redonda, potente barba y bigote, era un reaccionario audaz, famoso por su afición al alcohol y sus frecuentes parrandas, lo cual le había creado muchos incidentes en la Cancillería francesa en el pasado, pero más allá de lo anecdótico Dubois de Saligny era la punta de lanza de un proyecto intervencionista de su nación que iba mucho más lejos del cobro de la deuda.

Soldados liberales mexicanos

S i la invasión había de extenderse y buscar el dominio de todo el territorio nacional, como parecía obvio que tarde o temprano así sería, la República tenía un grave problema, uno más a sumarse a los miles conocidos: el estado de su ejército.

No hay duda de que las virtudes de un ejército popular nacido de la revolución de Ayutla y la guerra de Reforma eran grandes: estaba integrado por voluntarios, con exceso de oficiales respecto al número de tropa (lo cual en última instancia era una virtud porque lo consolidaba políticamente), pero pesaban también los defectos. El federalismo de la nación (justa respuesta al terrible centralismo santanista) había fragmentado al ejército liberal en dos docenas de ejércitos regionales sometidos al financiamiento de los gobernadores y cuyos mandos tenían fidelidades profundas hacia la región y los caudillos locales, planteando continuos problemas de coordinación y rivalidades de mandos, además de establecer con frecuencia prioridades defensivas particulares sobre las nacionales. Por otro lado, a diferencia de lo que los historiadores tradicionales han establecido, solo la mitad de sus combatientes eran veteranos (en el caso del Ejército de Oriente que dirigiría Zaragoza, cincuenta por ciento eran novatos), y buena parte del resto, bisoños reclutados en el último año para cubrir la sangría que la guerra de Reforma y las bajas causadas por la guerrilla conservadora produjeran. Romero, un año después de lo que aquí se está contando, reconocería que la mitad del ejército no tenía ningún tipo de entrenamiento.

Después de la guerra de Reforma muchas voces en el liberalismo se alzaron contra un ejército profesional; de alguna manera era la sana reacción contra el militarismo, contra los golpes de Estado de los conservadores, contra la triple alianza santanista (espadones, clero, agiotistas), contra la inutilidad militar del viejo ejército mostrada en Texas y en la guerra contra los gringos; contra un ejército en el que los oficiales gastaban más en los uniformes que en la comida de la tropa. La consigna era clara: pueblo armado, milicias voluntarias, guardia nacional organizada por estados. Pero a esto habría que darle unidad, entrenamiento, mando, modernización técnica. El Estado Mayor General había desaparecido en 1860, la artillería y la fusilería eran obsoletas, no existían cuerpos de zapadores, la caballería solía estar armada solo con lanzas y varios batallones de infantería contaban con el machete como su mejor arma ofensiva. González Ortega, el vencedor de Calpulalpan, no encontró una solución conciliadora y reconociendo que «el ejército mexicano (...) permanente ha sido la rémora de todo adelanto social para nuestra patria», trató de sustituirlo con el ejército de voluntarios de la Reforma. Zaragoza, secretario de la Guerra durante un breve espacio de tiempo, tampoco fue capaz de modernizarlo y entrenarlo, fundamentalmente a causa de los grandes problemas económicos.

Juárez, en los últimos años, mantuvo su reserva ante los nuevos mandos y cambió cinco veces de ministro de la Guerra; su conflicto personal con González Ortega, al que había ganado las últimas elecciones presidenciales, no facilitaba en demasía las cosas. Sin embargo, en diciembre de 1861 el presidente tomará una decisión muy arriesgada promoviendo una ley de amnistía para los militares conservadores y llamándolos a la defensa nacional. ¿Era una medida sabia la de traer a las filas propias a los viejos enemigos? ¿No se estaría poblando el nuevo ejército de la República de futuros chaqueteros y traidores? El riesgo era enorme, pero la jugada en principio le saldría bien al presidente.

Respondieron al llamado no solo altos oficiales que lucharon en el ejército conservador, como Miguel Negrete u O'Horan, sino muchos que se habían alejado de la Reforma por timideces políticas, como el cojo José López Uraga; incluso se recuperó al inconsistente Ignacio Comonfort, cuyas tibiezas y dudas abrieron la puerta al golpe de Estado reaccionario casi cinco años antes. En los siguientes meses las guerrillas conservadoras tratarían de atraerlos de nuevo a su bando original y Almonte, bajo el escudo de los franceses, trataría de captar a varios de ellos, como Negrete y O'Horan, que serían «tocados» por Taboada para que desertaran.

Y a esto habría que sumar el mayor problema, porque como dice Francisco Zarco: «Solo en México subsiste compacto y firme un ejército que solo recibe víveres», y cabría añadir a la frase del periodista y ministro de Relaciones Exteriores: que solo recibe víveres… a veces.

7

Ignacio Zaragoza

En enero-febrero del 62 el presidente Juárez toma una decisión arriesgada: le ordena a Ignacio Zaragoza que deje la Secretaría de Guerra y pase a dirigir el Ejército de Oriente, sustituyendo a José López Uraga. Manda a su ministro a hacerse cargo directo del pequeño ejército que tendría la misión de frenar la intervención armada.

Nacido en 1829 en Bahía del Espíritu Santo, Texas, un pueblo de menos de 800 habitantes cuando era provincia mexicana, tendrá siete años cuando se pierde

Texas. ¿Un hombre sin patria? Al contrario, un nacionalista ferviente que a falta de patria chica se quedó con una patria grande.

Hijo del errante Miguel G. Zaragoza y de María de Jesús Seguín, estudia en Matamoros y Monterrey. Durante un tiempo fue seminarista, quizá del rechazo al mundo católico institucional surge su profunda convicción liberal. Pronto se dedica al comercio; Prieto añadirá que fue durante un tiempo sastre. Se incorpora al ejército en el 46 para pelear contra los norteamericanos, pero en medio del caos no lo aceptan. Finalmente ingresa a las guardias nacionales como sargento y en 1853 lo ascienden a capitán.

Se hace novio de la hermana de un compañero, Rafaela Padilla, a la que describen como «blanca, con cabello castaño, nariz respingada y ojos color miel», pero llamado a reprimir un alzamiento conservador, Ignacio no puede asistir a su propia boda que se celebra el 21 de enero de 1857 y tiene que pedirle a su hermano que lo supla en un matrimonio por poder. Dos veces se equivocará el cura y le preguntará a Rafaela si quiere casarse con Miguel, y ella negará dos veces hasta que el poco despierto sacerdote rectifique y le pregunte por Ignacio.

En el 58 resiste con un grupo de norteños el golpe de Zuloaga en la Ciudad de México; derrotado, marcha hacia el norte, defendiendo la Constitución del 57 y la Reforma. Una larga carrera hasta la batalla de Calpulalpan, que termina con grado de general.

Zaragoza, que escribía el *Ignacio* con Y griega, no tenía buena ortografía, pero transmitía en sus escritos candor y calor, convicción y fuerza; pocos generales de la Reforma lograban pasar a sus subordinados el temple y la emoción. Uniformado con paño gris y sin adornos, la sobriedad de su imagen era una rebelión contra las plumas y los botones dorados del viejo régimen. Su mirada miope y sus pequeños lentes hacían que a los ojerosos se les dijera que traían los anteojos de Zaragoza. Pero nadie se atrevía a burlarse de su radicalismo político.

Personaje rodeado de un aura de tragedia a causa de la muerte prematura de casi toda su familia: su primer hijo, llamado Ignacio, nace en Monterrey y morirá de enfermedad en marzo de 1858. Tendrá un segundo hijo al que llamará igual, Ignacio Estanislao, y que ocho meses más tarde morirá en la Ciudad de México cuando su padre es ministro de la Guerra en el gobierno juarista. En junio de 1860 nacerá la tercera descendiente, llamada Rafaela. Un año y medio más tarde será Rafaela madre la que enferme de «un mal incurable»; a fines de 1861 marchaba hacia San Luis Potosí bajo órdenes de Juárez e Ignacio Zaragoza nunca volvería a ver a su esposa, quien murió el 13 de enero del año siguiente. Prieto cuenta que su única referencia por escrito al hecho fue una parca nota agradeciendo la ayuda pecuniaria que el gobierno dio para el entierro.

8

Ofrecimiento del trono de México a Maximiliano

Ignacio Ramírez, el Nigromante, uno de los ideólogos más radicales de la fracción de los liberales puros, pensaba que Juárez dudaba en demasía. Que se estaba malbaratando el momento de acelerar la guerra, volcando todos nuestros recursos contra la invasión. Los puros proponían reforzar el Ejército de Oriente, la pieza clave contra la intervención, y tomar los pocos conventos que le quedaban a la chusma clerical en Puebla; acabar de una vez con tantas contemplaciones. Las tensiones alcanzaron su límite cuando una facción del Congreso votó en contra de concederle poderes extraordinarios al presidente Juárez e incluso cuadros de la izquierda liberal como Ignacio Altamirano llegaron al doloroso extremo de pedirle su renuncia.

Zaragoza estaba más cerca de los radicales que de los conciliadores. Escribía: «Al enemigo lo hemos dejado en actitud de proporcionarse elementos de transporte y aun de catequizar a esta gente jarocha [ah, qué lo norteño], que en lo general carece casi de sentido común y quizá también de patriotismo».

Mientras tanto las conspiraciones internacionales seguían su curso. Juan Nepomuceno Almonte, aconsejado por Napoleón III, se entrevistaba con Maximiliano en Miramar. Le rogó que aceptara la corona de México; el archiduque respondió que aceptaría luego que se le presentase una «manifestación nacional», y Almonte le contestó que eso era lo más fácil, que él marchaba inmediatamente para México y que de allá le remitiría dicha manifestación. Arrangoiz cuenta: «Maximiliano, considerándose ya emperador, le dio facultades para conceder grados en el ejército, empleos civiles y hasta para dar títulos; pero Almonte no hizo uso de ellas más que para dar dos grados en el ejército, que fueron revocados por Maximiliano».

Almonte era hijo natural de Morelos: nacido en 1803, tenía 59 años, fue asistente personal de Santa Anna en la guerra de Texas, varias veces ministro con él, embajador de Miramón en Europa, conspirador de todas las conspiraciones después de la guerra de Reforma, meticuloso, ladino, casi infatigable.

Al amparo de la intervención los caudillos conservadores llegaron al puerto de Veracruz a ponerse a la sombra de los ejércitos imperiales: en enero sería Miguel Miramón, el último presidente conservador, el gran derrotado de la Reforma, pero los ingleses le cobraron el asalto a un convoy de mercancías británico durante la pasada guerra y lo deportaron a La Habana con gran bronca de parte de Saligny, que lo consideraba su protegido personal. Finalmente al inicio de marzo desembarca Almonte en Veracruz. De inmediato va a visitar al general Prim, representante de España en la operación, y le dice que la voluntad de la nación mexicana era el establecimiento de una monarquía, siendo el emperador Maximiliano. El conde de Reus se manifestó en completo desacuerdo. A Almonte muy pronto se le sumará el general Tomás Mejía: «Siendo la intervención un hecho inevitable (...) los buenos mexicanos deben limitarse a aceptarla».

Tres días después, el 6 de marzo, desembarca el general Lorencez en Veracruz con un nuevo ejército francés. Charles Ferdinand Latrille, conde de Lorencez, nacido en 1814, es el hijo de un militar, formado en la Academia de Saint-Cyr, activo en la aventura colonial de Argelia, que llega al grado de general de brigada en 1855 durante la guerra de Crimea. Ha sido nombrado general de división para dirigir a las fuerzas invasoras en México. La guerra es cada vez más segura y para ello Napoleón III escoge a un hombre que como diría el historiador militar Toral, está dominado por «la soberbia, que en él es característica». Su llegada coincide con una serie de epidemias de fiebre amarilla, *vómito negro*, fiebres palúdicas, que hacen estragos en las tropas imperiales.

Los conservadores siguen moviendo sus piezas en el tablero nacional. El 22 de marzo llega Taboada a la hacienda El Potrero, a dos leguas de Córdoba, y se presenta a Almonte entregándole una serie de documentos: una protesta de los jefes de la guarnición de la capital de México adhiriéndose al *Plan Almonte*; una carta de los generales Severo del Castillo, Bruno Aguilar y Manuel María Calvo, dirigida a Almonte, donde le decían que se ponían a sus órdenes; y una carta del general Santiago Vidaurri a Robles Pezuela en la que le ofrecía ir juntamente con Comonfort a hablar con él acerca de la intervención francesa (¿a espaldas del gobierno?). Taboada terminará presentándose ante Lorencez para decirle que la clase rica de México y el ejército conservador estaban dispuestos a aceptar la invasión. Lorencez le contestó «que dejaría bien puesto el honor de Francia y satisfechos los justos deseos de los buenos mexicanos». Vaya montón de canallas.

9

El diplomático inglés Wyke

El 18 de febrero de 1862, en un pequeño pueblo de Veracruz llamado La Soledad, sobre la margen derecha del río Jamapa, las negociaciones entre la alianza imperial y el gobierno mexicano dieron un apetecible resultado. En los que se llamaron Tratados Preliminares de La Soledad se reconocía la capacidad del gobierno de Juárez para tratar cualquier disputa intestina, y se abría un proceso de negociaciones para concretar el pago de la deuda. Los aliados conservaban el control de Córdoba, Orizaba y Tehuacán; ya no se hablaba de Veracruz, aunque se daba por hecho que seguiría dominado por las tres flotas, y como una concesión menor podría volver a ondear la bandera mexicana en la ciudad y en la fortaleza de San Juan de Ulúa. Firmaban el acuerdo el ministro de Relaciones Exteriores Manuel Doblado por México, el general Prim, conde de Reus, por España, y se adherían los británicos Charles Lennox Wyke y Hugh Dunlop, y los representantes franceses Dubois de Saligny y el almirante Jurien.

¿Era la paz? ¿Se había logrado una precaria paz? Sin duda la estrategia de Juárez por conducto de Doblado había logrado su objetivo. Tal como opinaba Zaragoza, el ablandamiento de la posición de los ingleses se debía a la tensión entre ellos y los unionistas norteamericanos en guerra contra la secesión de los estados del sur: los británicos querían liberar su fuerza y su flota para un posible bloqueo de los puertos norteamericanos. En el caso de los españoles había pesado su desconfianza hacia la agresividad de las fuerzas francesas, y muchos historiadores añaden el liberalismo de Prim, que no quería embarcar a su país en un proyecto neocolonial.

10

El joven general Díaz

En marzo de 1862 la primera brigada de la primera división oaxaqueña del ejército republicano, mandada por Espinosa, estaba de guarnición en San Andrés Chalchicomula. En el edificio de la Colecturía donde estaban alojados casi todos los soldados, por una brutal imprevisión, se concentró el polvorín de la brigada: municiones, obuses de artillería, pólvora, y la noche del 6 de marzo se produjo una enorme explosión. Los sobrevivientes vagaban en medio de cadáveres destrozados e incendios. En el informe de Ignacio Mejía al presidente Juárez decía que se encontraba frente a «un espectáculo horroroso que me desgarró el corazón (…). Pasan de mil hombres los que hemos perdido». Exactamente 1 042 soldados y 400 mujeres habían muerto y quedaban heridos otros 200 soldados y 500 vecinos. No quedó una vidriera en todo el pueblo.

¿Sabotaje? ¿Un terrible accidente? La posterior investigación dictaminaría, en palabras del general Zaragoza, que la explosión se debió a «la relajación de la disciplina militar». Porfirio Díaz lo atribuye en particular a «una chispa de una de las fogatas de las mujeres que hacían la comida para los soldados». Milagrosamente se habían salvado una gran parte de los oficiales porque se encontraban pasando lista fuera del edificio.

En sus memorias Díaz registrará el daño enorme que el desastre le causaría al Ejército de Oriente: dos batallones de Oaxaca (el estado de la República que más hombres aportaba a la causa liberal) de la columna a su mando, el primero y el segundo, tras el desastre de San Andrés solo reunirían en las posteriores acciones un centenar de hombres entre ambos.

11

Campamento en Orizaba

El recién nombrado general en jefe del Ejército de Oriente tuvo que hacer milagros. Zaragoza era un joven oficial que no cumplía los 33 años y pensaba que las guerras las hacían hombres y no anónimos ejércitos. Al tomar el mando del conglomerado de brigadas que era el Ejército de Oriente, estaba obsesionado por los zapatos y los alimentos para sus tropas. El ejército no tenía un peso en la caja («No cuento con un solo centavo para las atenciones precisas del soldado»), ni siquiera para pagar el correo, no tenía ropa de abrigo y no había botas; estaba mermado por las deserciones, hostigado por la contraguerrilla mexicana que colaboraba con los franceses, y sin posibilidad de reorganizar a la caballería.

Uno puede seguir la terrible historia de Zaragoza en la correspondencia con su amigo el general Ignacio Mejía, que le cubría las espaldas en Tehuacán y le servía como cuartel maestre, y en la correspondencia con el presidente Juárez.

Estaba además rodeado de conspiraciones. Capturó y ordenó fusilar a Robles Pezuela, ex ministro católico y reaccionario que habían prendido en Tecamachalco e intentaba «tocar» a Negrete. «Mi conciencia se encuentra tranquila»: nada de un engorroso proceso, justicia expedita a los traidores, aplicándoles la ley del 15 de enero de 1861, promulgada a raíz de los asesinatos de Ocampo, Santos Degollado y Leandro Valle.

En la tercera semana de marzo Zaragoza tiene que pagar el correo con 800 pesos, que le presta un oficial. La necesidad de salir de la angustiosa tregua es enorme mientras los franceses se hacen cada vez más fuertes, el general Berriozábal le escribe a Zaragoza: «A ver si al fin nos rompemos los cuernos con esos malditos franceses». Ya no se aguantan más conciliaciones, por más que estén llenas de sensatez.

Finalmente se habría de producir la ruptura del frente tripartito: el 9 de abril termina la triple alianza en una reunión en Orizaba. Los españoles y los británicos aceptan retirarse. Los ingleses les dejan el trabajo sucio a los franceses y como diría el *Times*: «A Francia no podemos sino desearle éxito en esa empresa». El ministro de Relaciones Exteriores, Manuel Doblado, que había estado haciendo lo imposible para quebrar el frente común de los imperialistas, se apunta un nuevo éxito cuando declara que México no romperá las hostilidades. El 12 de abril Zaragoza ordena que «ninguna brigada se mueva de las posiciones que he establecido». El mismo día Juárez decreta un edicto durísimo: desde el instante en que se abran las hostilidades los mexicanos que se queden en territorio dominado por los franceses serán castigados como traidores, todas las poblaciones en posesión de los franceses se declaran en estado de sitio, los hombres de 20 a 60 años se movilizan. Se autoriza a los gobernadores a formar guerrillas en la retaguardia y «sufrirán la última pena como traidores todos los que proporcionen víveres, noticias, armas, o que de cualquier otro modo auxilien al enemigo extranjero».

Zaragoza le escribe a Juárez el 13 comentando que las tropas que le llegaron del coronel Gómez están «casi a pie y en cueros» y mal armadas. Un día más tarde en Chalchicomula le habla al Ejército de Oriente: «Los libres no reconocen rivales, y ejemplos mil llenan las páginas de la historia de pueblos que han vencido siempre a los que intentaron dominarlos». Como si hubiera escuchado el eco de sus palabras, ese mismo día Vicente Riva Palacio se presentó en Palacio Nacional ante Benito Juárez y le pidió autorización para formar una pequeña fuerza guerrillera a sus costas, pagando de su bolsillo, con el dinero que le daba el teatro, armas, caballos y abastos. El gesto era inusitado, puesto que poco antes Vicente había sido considerado serio candidato a ocupar el ministerio de Hacienda en el gabinete juarista, y aunque rechazó el cargo se esperaba que de incorporarse al ejército lo hiciera como oficial regular con un mando importante de tropa.

Los franceses por boca de Jurien y Saligny responden con un manifiesto que es la quintaesencia del doblez: «Mexicanos. Ningún hombre esclarecido podrá creer que el gobierno nacido del sufragio de una de las naciones más liberales de Europa, haya tenido por un momento la intención de restaurar en un pueblo extranjero antiguos abusos e instituciones que no son ya del siglo». Para que quede clara su posición, el 19 de abril Lorencez declara la guerra «no a la nación mexicana sino a un gobierno inicuo que ha cometido contra los residentes franceses ultrajes inconcebibles»; la fiesta del doble lenguaje.

El pretexto será absolutamente ridículo, el que Zaragoza le haya pedido que retirara del hospital de Orizaba a soldados franceses que sin duda ya no están enfermos (Zaragoza: «Con pretextos de enfermos nos han dejado en Orizaba 600 hombres»; 400, dirá Lorencez, mismos que sospechosamente en su mayoría se incorporarán a la columna francesa) y el asesinato de tres soldados franceses en las cercanías de uno de los campamentos, de los que las malas lenguas dirán que los mataron malvivientes cuando andaban de putañeros.

El 20 de abril la columna francesa ocupa Orizaba. Las columnas mexicanas se van replegando, Zaragoza trata de concentrarlas mientras piensa hacer la primera resistencia en las cumbres de Acultzingo.

Lorencez le escribe a su ministro de la Guerra: «Tenemos ante los mexicanos tal superioridad de raza, de disciplina, de moral y de elevación de sentimientos, que ruego a vuestra excelencia decir al emperador que ya, desde ahora, a la cabeza de sus seis mil soldados soy dueño de México». ¿Cómo se mide la elevación de sentimientos? Pronto lo sabremos.

El 22 de abril Zaragoza escribe a Juárez haciendo un balance de la «situación muy comprometida» por el contacto entre los franceses y los traidores encabezados por Leonardo Márquez, que «ha reunido unos cuatro mil hombres» (según otra carta exagera porque no rebasan los 2 500), «y comienza a ejecutar movimientos sobre uno de mis flancos y mi retaguardia». El gran problema es la carencia de recursos: «El estado de Veracruz poco podrá ministrar en las actuales circunstancias, poco también el de Puebla que pronto será invadido por Márquez (...) y casi nada el de Tlaxcala por su pequeñez y estado de postración». Pide apoyo urgente, no solo de las tropas de San Luis Potosí que vienen en camino, propone que le envíen a la brigada de Guanajuato, que tiene experiencia y está entrenada. Sostiene que hay que pararlos de un golpe para evitar entrar en una larga guerra de desgaste guerrillera. Propone abandonar Perote y robustecer Puebla (aunque sabe que «faltan recursos para hacerlo como se debe»). En esos días el coronel de ingenieros Joaquín Colombres presenta un plan para fortificar Puebla que no se llevará a cabo más que mínimamente aunque se aprueba: reforzar los cerros de Loreto y Guadalupe que levantan cincuenta y cien metros, hacer trincheras en la ciudad, movilización de las milicias, reclutamiento de todos los hombres de 16 a 60 años, levantar algunas barricadas, fortificación de San Javier y El Carmen al sur y sureste; nada del otro mundo.

La carta de Zaragoza a Juárez termina burlándose: «Ya tiene usted otro compañero más: Almonte ha sido declarado presidente de la República. ¡Son tres!»; así se sumaba este último a Zuloaga y a Miramón.

Siguiendo las indicaciones de Napoleón III a Lorencez («Habéis hecho bien en proteger a Almonte»), éste ha permitido que Juan Nepomuceno Almonte se proclame presidente de México en algo que sería la transición al imperio. Pedro Santacilia comenta: «Almonte, el enfermo casi irremediable de *presidentemanía*».

Cuando Lorencez sale de Orizaba el 27 de abril, lleva una enorme comitiva de carruajes tras él. Transportan 200 mil raciones de comida, para más de un mes, y sorprendentemente 400 mil raciones de vino (!). El historiador y narrador de esta relación no puede dejar de sorprenderse: si se trata de proveer de vino durante el mismo mes al ejército, ¿cuántas raciones le tocan diariamente a un soldado? ¿Más de veinte? Se trata sin duda del ejército más borracho del planeta.

Meses después Francisco Zarco sacará la cuenta de cuánto les costará a los franceses la intervención y la valuaba en 18 millones de pesos, para cobrar una deuda de 3 millones.

12

Vista de Acultzingo

Ignacio Zaragoza, el mismo 27 de abril, reporta a Juárez: «Ya los tengo a la vista». Las cumbres de Acultzingo, un impresionante paso montañoso y salida natural hacia Puebla y la Ciudad de México desde el estado de Veracruz, es quizá el mejor lugar para frenarlos, pero el Ejército de Oriente ha estado cuidando demasiados frentes y se encuentra disperso, apenas reconcentrándose. Aunque comienza a pensar en dar la batalla a los franceses en Puebla y que el choque en Acultzingo no será una batalla definitiva, nada será demasiado claro. Dirá que al ejército francés «le haremos alguna resistencia deteniéndolo lo más que se pueda».

Ese mismo día le reporta a su cuartel maestre, el general Ignacio Mejía: «Como usted puede suponer, estamos sin comer». Mientras el mítico ejército francés avanza, Zaragoza informa que es «poca la fuerza que puedo destinar a combatirles» y habla de dos mil hombres (tres mil al día siguiente). Se trata pues de «hacerles la mayor resistencia que fuera posible».

Cuenta con la brigada del gordo José María Arteaga, que a los 35 años es otro más de los militares republicanos rojos, formado en las milicias, en la guerra contra los gringos, la revolución de Ayutla y la guerra de Reforma, un radical sin tacha, enormemente querido por sus tropas, sastre de oficio original al que la incierta vida de estos últimos años ha tenido en pie de guerra; también con una parte de la brigada de Oaxaca del joven general Porfirio Díaz y la del coronel Mariano Escobedo, ese orejón, flaco y barbudo norteño con cara de perro triste que salido de las milicias ha vivido en pie de guerra los años recientes. Finalmente Zaragoza opta, según sus palabras, por «una defensa meramente pasajera».

El 28 de abril, «al alba matinal» los franceses se encontraron en la entrada del paso, «una elevación de 600 metros que se prolonga durante siete kilómetros y medio» y pasadas las once de la mañana se produjo el primer choque cuando el Batallón de los Cazadores de Vincennes comenzó la penetración y chocaron con la brigada de Arteaga. Los Cazadores de Vincennes simulan replegarse solo para abrir paso a una columna de dos mil hombres flanqueada por mil tiradores.

Hacia la 1:30 de la tarde, cuando los franceses se habían aproximado a tiro de pistola y parecía que podían ser frenados, Arteaga fue herido por un disparo en la pierna izquierda, debajo de la chaqueta, impactando la bala en la tibia y el peroné, y esto produjo el principio de una desbandada.

Mientras retiraban al gordo de la línea de fuego y lo subían a las cumbres donde lo vendaron con una bufanda y dos pañuelos, el ejército se retiraba en desorden. La brigada de Porfirio Díaz trató de frenarlo y reorganizarlo y sus tropas operaron como contención, manteniendo un duelo a distancia hasta las diez de la noche en que definitivamente se replegaron.

Zaragoza, que se encuentra en la cañada de Ixtapa, le escribirá a Mejía que se había tratado de «una resistencia digna de elogio», y atribuía la retirada a la descomposición del centro tras la herida de Arteaga. Era cierto, el impacto de ver caído a uno de sus más carismáticos jefes fue grande. El general Negrete lloraba al ver así a Arteaga hasta que éste, con el humor que le era habitual, lo calmó:

—No me llores que al cabo no me he de morir.

Zaragoza le diría a Juárez: «No he hecho más daño al enemigo porque no me ha sido posible», y reportaría que les causó 600 bajas entre muertos y heridos y que del lado propio fueron «pocos, muy pocos», 50, dirá más tarde. Pero estaba exagerando, las bajas francesas no superarían el par de centenares. Si el general mexicano se excedía, los contrarios lo hacían en cuanto al número de oponentes que habían enfrentado: seis mil, diría Lorencez, y seis o siete mil registraría el conde Bibescu.

Tras tomar las cumbres, Lorencez «pasa delante de las filas y se permite una primera sonrisa de satisfacción». No es para tanto: la batalla no ha sido significativa e incluso el ejército mexicano no ha salido mal librado, pero aun más importante, como dice Francisco Zarco, «el suceso de las cumbres estuvo muy lejos de ser una victoria para el ejército francés, y fue solo la primera señal de que México está dispuesto a resistir en todas partes». Y es que el Ejército de Oriente pelea en un doble frente, el de la realidad y el del mito. «Todas las bocas, nacionales y extranjeras, decían: Ahí vienen los mejores soldados del mundo», contaría el Nigromante. Guillermo Prieto tendrá razón, «no se esforzaba México tanto por vencer como por luchar».

El analista militar Jesús de León Toral dirá que Zaragoza debió haber empeñado el conjunto del ejército en ese lugar, que le era enormemente ventajoso; pero más allá de si esto hubiera sido posible, hay una duda que corroe al joven militar norteño: si vuelca al Ejército de Oriente en una sola batalla y lo derrotan, la Ciudad de México quedará desguarnecida. Al fin y al cabo no va a quedarle de otra.

Un día más tarde, el 30 de abril, Lorencez arengará a sus soldados: «Vuestros batallones avanzarán lo mismo en las llanuras que en las ciudades inexpugnables». Aprovechará el discurso para regañar a sus tropas diciendo que «algunos no temen entregarse al pillaje» (la cosa debería ser grave cuando lo hace en un discurso público) y dice que no hay motivo, que la ración de carne se ha aumentado a 360 gramos, «lo que jamás se había visto»; «todos los días recibís vino en un país que no lo produce y una ración doble cuando estáis en marcha», gratificaciones de pan, de azúcar, de café.

Cuando uno lo compara con la dieta de tortillas, chile y frijoles de los soldados mexicanos, resulta insultante. Parece ser, según comenta Dubois de Saligny, que «en la cañada (...) los excesos tuvieron un carácter bastante serio».

Mientras tanto Zaragoza duerme en la cañada de Ixtapa. Está preocupado porque la retirada no ha sido tan organizada como hubiera deseado. La brigada de Arriaga se retiró desorganizadamente y la de Mariano Escobedo se replegó por el rumbo de Tehuacán y tardará en reconcentrarse.

13

Márquez, el Tigre de Tacubaya

Mientras los franceses avanzaban hacia Puebla, Dubois de Saligny escribía a su ministro de Relaciones Exteriores el 2 de mayo que Lorencez había renunciado «a pesar de todos mis consejos» a los auxiliares mexicanos. Se refería a las fuerzas del general conservador Leonardo Márquez, la bestia negra de los reaccionarios, el que durante la guerra de Reforma ordenó el fusilamiento de los médicos en Tacubaya, responsable directo o indirecto de los asesinatos de Melchor Ocampo, Santos Degollado y Leandro Valle.

Extraordinariamente activo en la guerra de Reforma, se mantuvo en armas después de la contienda, haciendo una guerra de guerrillas en la que los derrotados eran pasados por las armas. Era la única fuerza importante de los *cangrejos* —unos 2 500 hombres— con la que podía contar Almonte en su alianza con los franceses. El problema es que mientras se definía el inicio de las hostilidades estuvo amenazando y rondando las posiciones republicanas en el estado de Puebla sin enfrentarse a ellas de manera definitiva, y cuando se inicia la marcha de Lorencez desde Orizaba no había enlazado con la columna invasora.

¿Estaba Lorencez dispuesto a prescindir de las tropas de Márquez en su primer enfrentamiento con el ejército mexicano? ¿Se trataba de un problema de comunicación?, ¿descoordinación? Supuestamente Lorencez esperaba a Márquez en Amozoc. ¿Y dónde estaba Márquez? El conde Bibescu se quejaba ante la ausencia de «los 10 mil hombres de Márquez, que deberíamos encontrar, y el gran partido de la intervención, que, después de tres meses, eran anunciados, cada día, para el día siguiente». Fuera uno o lo otro, el general francés sentía que con sus propios recursos tenía suficiente y no demoró la marcha ni fijó un punto de encuentro previo a Puebla.

Saligny comentaba además respecto al avance francés que en los pueblos se estaban produciendo «acogidas simpáticas y amistosas, aunque sin entusiasmo», y que Zaragoza contaba con «varios oficiales extranjeros, alemanes, polacos, italianos, americanos, españoles y hasta franceses», lo cual era absolutamente falso. Los fantasmas cabalgaban en ambas direcciones.

Del otro lado y en el repliegue hacia Puebla, Zaragoza escribió en esos días al ministro de la Guerra: «La miseria me persigue e ignoro ya cómo seguir sosteniendo este cuerpo de ejército contra un enemigo que día a día va aumentando». Su carta pasó de mano en mano gracias a una filtración; el país era consciente de lo extremadamente difícil, rayano en lo imposible, que iba a ser detener a los franceses.

Las penurias del Ejército de Oriente también habían trascendido y se airearon en los debates del Congreso gracias a la filtración voluntaria de una carta de Zaragoza al general Ignacio Mejía en la que le informaba que no había ni un grano de mísero frijol en la intendencia, y hacían recordar el verso que cierta vez le escuchara Guillermo Prieto a un gachupín comerciante en lanas: Causa de este u otros males/ digo a usted en *concencia*/ no es la falta de inteligencia/ es la falta de reales.

Los angustiados llamados de Zaragoza tenían un calor humano muy peculiar: lo mismo cuando pide a Mejía alguna suela para huaraches, «aunque sea para dos mil pares» (lo que deja claro que al menos la tercera parte de sus seis mil hombres estaban descalzos) que más tarde cuando explicará qué bellas son las tiendas de campaña y su blancura que «en medio de las quiebras de los cerros y entre los árboles se asemejan a una gran nube blanca tendida sobre el monte», todo ello para exigir que le manden las velas de barcos que nunca navegarán, para volverlas cobijo y vendas para los hospitales de campaña.

14

Puebla

El 3 de mayo Zaragoza llegó a Puebla con los franceses a sus espaldas. «El enemigo me siguió a una distancia de una jornada pequeña (...) habiendo dejado a retaguardia de aquel a la Segunda Brigada de Caballería, compuesta de poco más de 300 hombres, para que en lo posible le hostilizara».

En Puebla se encontrará, porque han llegado desde el día anterior, a las fuerzas de Tomás O'Horan (una brigada de 1 500 hombres) que desde marzo habían estado tratando de cazar a Márquez, y en la misma fecha arribarán la brigada de Lamadrid y las caballerías chinacas de Antonio Álvarez. Ellos, sumados a lo que va regresando en el repliegue desde Acultzingo, será todo de lo que pueda disponer.

Guillermo Prieto registra: «El hombre llega a Puebla, recorre sus calles, ve en iniciativa sus fortificaciones, palpa la tristeza de sus moradores y al escudriñar la conciencia pública halla entre las sombras del desconsuelo los síntomas de la resignación con el desastre». El propio Prieto en posteriores conversaciones con el general Colombres llega a la certidumbre de que Zaragoza pensaba inmolarse en Puebla, en sacrificarse para dar el ejemplo. Si es así, el joven general también cree que a los franceses les va costar caro.

A lo largo de la tarde «di mis órdenes para poner en un regular estado de defensa los cerros de Guadalupe y Loreto, haciendo activar la fortificación de la plaza, que hasta entonces estaba descuidada». Poco se podrá hacer en dos días. Aun así le pedirá al general Blanco que por «la diligencia de mañana sírvase mandarme 800 zapapicos, 200 barretas y 150 palas o las más que sea posible de estas últimas». Los zapapicos, las barretas y las palas nunca llegarían: el general Miguel Blanco, recién nombrado ministro de Guerra, le responderá que las consiga en rancherías y pueblos cercanos.

Zaragoza pide también refuerzos: «Si el gobierno, haciendo un esfuerzo supremo, me mandara violentamente, esto es, de preferencia, dos mil infantes, yo le aseguraría hasta con mi vida que la división francesa sería derrotada precisamente el día 6».

Zaragoza se instala en la iglesia de los Remedios frente al camino de Amozoc que viene de Veracruz, ese será su primer cuartel general. Juan A. Mateos en *El sol de mayo* recoge la versión de un oficial mexicano: «Veo al general tan sereno como un busto de mármol, apenas se sonríe, pero como sonríen las estatuas; lo rodea una atmósfera de prestigio, que sus palabras son mandatos: a morir, dice, y no hay más remedio, se muere».

En sus memorias Porfirio Díaz cuenta que el 3 de mayo en la noche Zaragoza fue reuniendo a los generales que iban llegando: Ignacio Mejía, Miguel Negrete, Antonio Álvarez, Francisco Lamadrid, Felipe Berriozábal y el propio general oaxaqueño, y les dice «que la resistencia presentada hasta entonces era insignificante para una nación como México de ocho a diez millones de habitantes; pero que era a la vez lo más que podía hacer el gobierno, dadas sus circunstancias; que vista la situación bajo el primer aspecto era muy vergonzoso que un pequeñísimo cuerpo de tropas, que para la nación podría tener la importancia de una patrulla, llegara a la capital de la República sin encontrar la resistencia que corresponde a un pueblo que pasa de ocho millones; que en consecuencia, creía que los que estábamos presentes nos debíamos comprometer a combatir hasta el sacrificio, para que si no llegábamos a alcanzar una victoria, cosa muy difícil, aspiración poco lógica, supuesta nuestra desventaja en armamento y casi en todo género de condiciones militares, a lo menos procuráramos causarle algunos estragos al enemigo, aun cuando nuestros elementos actuales fueran consumidos, porque así el gobierno y la nación contarían con el tiempo necesario para preparar la defensa del país».

No debe ser mala la moral a pesar del trágico discurso cuando Zaragoza reporte al presidente horas más tarde: «El cuerpo de ejército de mi mando, ahora que se ve reunido, ha recobrado todo su entusiasmo y tiene mucha confianza en sí mismo».

Al amanecer del día 4 Zaragoza toma una decisión muy arriesgada y envía a las brigadas de Carbajal y Tomás O'Horan (cuyo apellido a veces se mexicaniza en el O'Horán, un general de origen irlandés y guatemalteco que había combatido en la guerra de Reforma) hacia la zona de Atlixco para impedir que Márquez se sume a los franceses. Se trata de una fuerza mixta, pero fundamentalmente de caballería, lo que lo dejará apenas sin jinetes. ¿Es la medida correcta? Si las cosas salen bien, impedirá que los traidores se sumen al ejército de Lorencez, pero al mismo tiempo debilita al Ejército de Oriente. Al mismo tiempo recibe la noticia de que los dos mil refuerzos que pedía, la brigada de Antillón, salieron de la Ciudad de México y según Blanco están «bien armados, municionados y de la mejor calidad que tenemos. Pernoctarán hoy en Ayotla, mañana en Texmelucan y el 6 estarán en Puebla».

Mientras tanto está lidiando con otros problemas, hay escasez de fusiles y se ve obligado a que los rifles de los artilleros se distribuyan entre la infantería, creyendo, según Porfirio Díaz, que aquellos estaban bastante armados con sus piezas.

Nada es seguro, los traidores están por todos lados. Los republicanos capturan a un correo del padre Miranda, que viene con Almonte y los franceses, proponiéndole al general José María Cobos: «El fuerte de Guadalupe debe ser tomado esta noche. Sin perder un solo momento y con cuanta fuerza pueda, aunque solo sea caballería».

Está amaneciendo en Puebla. Zaragoza ordena al general Miguel Negrete que con su división de 1 203 hombres ocupe los cerros de Loreto y Guadalupe, reforzados con dos baterías. Negrete registra: «Inmediatamente dispuse que sin pérdida de tiempo toda la fuerza se ocupase en fortificar dichas posiciones, teniendo la satisfacción de que al amanecer quedasen en disposición de resistir el ataque». Después de la diana se concentran en la plaza de San José cuatro columnas, según el informe de Zaragoza: «las brigadas Berriozábal, Díaz y Lamadrid (...) tres columnas de ataque, compuestas la primera de 1 032 hombres, la segunda de 1 000 y la última de 1 020, toda infantería, y además una columna de caballería con 550 caballos que mandaba el general Antonio Álvarez designando para su dotación una batería de batalla».

Al mediodía los exploradores mexicanos reportaron que los franceses no avanzan desde Amozoc, donde ha entrado su vanguardia, y Zaragoza dio la orden de acuartelar a estas fuerzas a la espera de una señal que sería un disparo de cañón desde el fuerte de Guadalupe.

A la hora de comer del 4 de mayo, Zaragoza reporta que «la fortificación de la plaza se sigue a gran prisa. Los cerros de Loreto y Guadalupe están ya guarnecidos. Nuestras guerrillas comienzan ya a hostilizar al enemigo. Ayer le han matado dos soldados y les quitaron los rifles, las cartucheras y las mochilas».

Ignacio Zaragoza no lo sabrá hasta el día siguiente, pero Márquez no acudirá en apoyo de los franceses. O'Horan se ha encontrado con la vanguardia de las fuerzas conservadoras, unos 500 jinetes, en las afueras de Cholula y las ha dispersado, poco después enfrentará a Márquez a unos siete kilómetros al norte de Atlixco, cuando intentan detenerlos en un puente sobre el río Alseseca. Márquez ha rehuido el combate, intentando convencer por medio de mensajeros a O'Horan para que se pase de bando y finalmente huye dejando buena parte de su artillería. El resultado no puede ser mejor para el Ejército de Oriente.

A las tres de la tarde del 4 de mayo el grueso del ejército de intervención, cinco mil franceses, entra en Amozoc, a catorce kilómetros de Puebla. Según el conde Bibescu «las carreteras estaban desiertas y las casas cerradas. En la lejanía se escuchaba el ladrido de los perros (...). Les siguen a poca distancia un convoy de 260 carros, grandes carruajes mexicanos que cargan 34 quintales y que son jalados por doce vigorosas mulas (...) llevan café y pan para treinta días (...) y dieciséis cañones». Un soldado mexicano de oficio pintor, capturado en las cumbres, dirá que lo que más les preocupa son los dos carros franceses muy custodiados que traen el dinero del ejército.

La presencia de mexicanos entre los invasores es muy menor, pero no por pocos menos chaqueteros: tan solo Almonte con una escolta de 12 hombres, el padre Miranda, Haro y Tamariz y el padre Villalobos. Con ellos y el Estado Mayor de Lorencez se celebra un consejo de guerra en el que participa un ingeniero mexicano que, según Bibescu, «conocía bien el país y en particular el fuerte de Guadalupe». ¿Quién es este singular traidor? A pesar del mucho interés de este narrador por registrar su nombre, no lo ha encontrado. Lorencez lo interroga largamente. Las informaciones del ingeniero le dan mucha seguridad. ¿Qué son Loreto y Guadalupe al fin y al cabo? Dos pequeñas fortalezas. Saligny le recuerda a Lorencez que en la guerra de Reforma, Puebla había sido tomada y desocupada por unos y otros veinte veces. Los mexicanos Haro y Almonte son más cautelosos, primero proponen que se rodee Puebla y se avance hacia la Ciudad de México, que según ellos caerá fácilmente; luego, ante la negativa de Lorencez de dejar a su espalda un ejército no batido, sugieren que se ataque la ciudad desde el sur en lugar de ir a chocar contra los fuertes. Sin embargo los mandos franceses insisten, romper el fuerte de Guadalupe es quebrar el espinazo del Ejército de Oriente; si cae el reducto todo lo demás se desmorona. Bibescu añade: «El ataque debería ser tan rápido que no le diera tiempo a Zaragoza de evaluarnos y que nos pensaran diez veces superiores una vez que nos encontráramos cara a cara. El consejo fue unánime en reconocer que el éxito dependía de la corajuda y rápida acción del ataque a Guadalupe. Satisfecho, el general se dirige a nosotros: *Hasta mañana, señores, en Guadalupe*».

15

El general Miguel Negrete

P ara la defensa de Puebla Zaragoza contaba con 4 852 hombres (5 454 según otras fuentes, pero habría que descontar a la brigada de O'Horan), de los cuales cuarenta por ciento eran reclutas recién alistados. Los dos batallones de Toluca y uno de Veracruz estarán mandados por el zacatecano de 35 años Felipe Berriozábal, un ingeniero que ha pasado en combate desde la revolución de Ayutla y la guerra de Reforma; al igual que Zaragoza, hombre de las milicias y no de la carrera militar. Los tres batallones de San Luis Potosí serán mandados por Francisco Lamadrid.

La fuerza más importante estará integrada por dos batallones de Puebla, un batallón del Estado de México, uno de Querétaro y tres de Morelia, bajo el mando de Miguel Negrete, nativo de Puebla, un general conservador y muy católico que combatió del lado santanista durante la revolución de Ayutla, se sumó al golpe de Comonfort e hizo la guerra de Reforma en el bando reaccionario; es el más importante de los oficiales que se acogieron a la amnistía de Juárez para combatir contra la invasión y sobre él pesan las dudas de su reciente pasado.

Curiosamente entre sus tropas se encontraba el Sexto Batallón de Guardias Nacionales de Puebla, hombres de la Sierra Norte, de Tetela de Ocampo y Xochiapulco, mandados por el coronel Juan Nepomuceno Méndez, que durante la guerra de Reforma había tomado a sangre y fuego Zacapoaxtla, el «bastión de la reacción» a decir de Pola.

Ignacio Mejía continuaba siendo cuartel maestre y volvía a ceder el mando de los cinco batallones de Oaxaca al general coronel Porfirio Díaz, dos de ellos mermados por la explosión de San Andrés.

La brigada de caballería de Antonio Álvarez reunía pequeños grupos como los Lanceros de Toluca, los Lanceros de Oaxaca, los exploradores de Zaragoza, la guerrilla de Solís y el Escuadrón Trujano, pura chinaca.

La reserva, integrada fundamentalmente por voluntarios civiles y alguna tropa, en total 800 hombres, una batería de batalla y dos de montaña, estaría a cargo del general Santiago Tapia, gobernador militar de Puebla y responsable de la segunda línea de defensa; a ella Zaragoza había sumado al coronel Mariano Escobedo, de alguna manera marginado por lo mucho que tardó en reorganizar su brigada tras Acultzingo. Tapia declara el 4 de mayo el estado de sitio en Puebla, advierte a la población que los víveres serán repartidos prioritariamente a los defensores y que los que quieran «pueden trasladarse a otro lugar, porque en este quedarán solo hombres patriotas». Ordena a los empleados del Ayuntamiento que se pongan a disposición para atender enlaces, enfermerías, movimientos de municiones; 15 de ellos no se presentarán a trabajar y posteriormente serán suspendidos.

Cuando el Ejército de Oriente se había desplegado en noviembre anterior con un poco más de 10 mil soldados, contaba con 127 jefes y 725 oficiales; las dos últimas cifras se mantendrán iguales. Demasiados oficiales para tan poca tropa, con batallones muy mermados. ¿Un defecto? No parece serlo, en la oficialidad se concentra la experiencia de los últimos siete años de guerra.

El armamento es de muy baja calidad y escaso, abundaban los viejos fusiles de chispa y percusión, y aunque copiosa, había mucha variedad de munición, lo que era un problema; parte de la tropa estaba armada con lanzas (la caballería), y había batallones que no contaban con bayoneta sino con machete. De los uniformes del ejército mexicano y su sorprendente disparidad daba cuenta un grabado del suizo Julius Shiving realizado un par de años antes, que mostraba una tropa de apariencia feroz pero desarrapada.

16

Los franceses emprenden la marcha

Durante las primeras horas de la noche la cabeza de Zaragoza ha estado dando vueltas, tratando de pensar cómo atacará el ejército francés. Una idea le ronda con reiteración: «Es bien conocido el orgullo de sus soldados», por lo tanto no tratarán de evadir el enfrentamiento y seguir hacia la Ciudad de México, ni siquiera tratarán de rodear Puebla y atacar por el desguarnecido sur: entrarán de frente, y eso significa que usarán como eje el camino de Amozoc, dejando a su derecha las fortificaciones de Loreto y Guadalupe. El general resuelve: «Me propuse librar una acción campal al oriente de la población, atrayendo al enemigo al punto escogido por medio de un cuerpo de infantería dotado de dos piezas de campaña».

Porfirio Díaz recordará en sus memorias que «a las dos de la mañana llegó a darme órdenes el teniente coronel Joaquín Rivero, ayudante del mismo cuartel general. Como mi columna había pernoctado con armas en pabellón en la plazuela que estaba frente a mi cuartel, inmediatamente la puse en pie y seguí con ella a Rivero, quien me condujo a la ladrillera de Azcárate, que es el último edificio de la ciudad sobre el camino de Amozoc», formando ángulo con los fortines.

Luego Zaragoza situará a la izquierda de los oaxaqueños la brigada de Berriozábal y le da órdenes verbales de que se forme en columna para un posible contraataque; la brigada de Lamadrid a su izquierda, y en el extremo de la línea, que comienza en los fuertes, las caballerías chinacas.

Su última orden es mandar la artillería sobrante a la reserva bajo las órdenes del coronel Zeferino Rodríguez.

Poco después, entre las cuatro y las seis de la madrugada, Ignacio Zaragoza, ese general miope de cara aniñada que más parecía un escribano que un oficial de caballería, recorre las líneas repitiendo un breve mensaje a gritos que a veces no se oyen: «Ellos serán los primeros soldados del mundo, pero nosotros somos los primeros hijos de México». Luego establece su cuartel general en la iglesia de los Remedios.

17

Puebla a la vista

El conde Bibescu cuenta: «Nada sobre la planicie, nada sobre el camino. Un disparo de cañón, uno solo. Ha partido del fuerte de Guadalupe». Son las nueve de la mañana. El ejército francés se aproxima a Puebla entrando por la garita de Amozoc, vienen en un orden compacto; se detiene una hora y media, fuera del alcance de los cañones de la ciudad y de los fuertes. La ciudad se ve «como una masa confusa».

Son 5 174 hombres, un batallón de 700 infantes de marina, un batallón de cazadores de a pie de Vincennes, tres regimientos de zuavos, Cazadores de África y el 99 Batallón de Línea, más artillería de montaña, obuses y artillería de marina (en total diez cañones rayados de cuatro centímetros y seis obuses de montaña). No son soldados de leva, son profesionales de la guerra, que se han incorporado al ejército por la paga; una buena parte veteranos (de Crimea y de la invasión de Italia del 59). Los zuavos, regimientos originalmente argelinos aunque en los últimos años se han europeizado mucho, cuentan en sus filas un porcentaje importante de egipcios y antillanos. Todos los oficiales son franceses. La infantería está dotada con armas Lefaucheux y Treuille con alcance de 600/700 metros, muy superiores a los cañones mexicanos.

El general Tapia le escribe un telegrama a Juárez desde el interior de Puebla: «Desde las nueve las columnas enemigas, situadas en dirección de los cerros y línea que ocupa con sus tropas el general Zaragoza, se preparan a un ataque con todas sus fuerzas».

La aproximación francesa es precedida por la aparición de la guerrilla del coronel Pedro Martínez que viene en retirada, tiroteando a la cabeza de la columna del enemigo.

El conde Bibescu registrará: «El general ordena alto, y hacer café, mientras que su jefe de Estado Mayor, el coronel Valaz, ejecuta un reconocimiento con el escuadrón de cazadores hacia la dirección de la Rementería para estudiar el terreno que conduce a Guadalupe, y juzgar, en la medida de lo posible, la posición exacta del fuerte. Guadalupe corona un movimiento de tierra de un relieve muy pronunciado (...) y a la derecha (...) Loreto, otro pequeño fuerte situado (...) a mil metros (...) que nos resulta invisible por las pendientes (...). Quien domine Guadalupe domina

Puebla (…) es la clave de la posición, es decir el verdadero punto de ataque seleccionado por el general».

A las 10:45 Zaragoza le envía un telegrama al general Blanco: «El enemigo está acampado a tres cuartos de la garita de esta ciudad (…). El cuerpo del ejército está listo para atacar y resistir».

Cuarenta y cinco minutos después las columnas francesas comienzan a desplegarse, aún no suenan los cañones. Nuevamente a caballo, Zaragoza, con la sobriedad de ese uniforme que más parece de infante que de general, recorre la primera línea, se detiene ante varios batallones y les recuerda lo que hicieron en la guerra de Reforma. Sus últimas palabras no se escuchan a causa de los gritos.

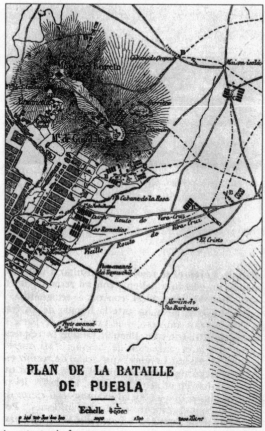

18

La estrategia francesa

Los franceses se ponen en marcha. Negrete, siguiendo las instrucciones, ordena que se disparen otros dos cañonazos de advertencia, suenan las campanas en las iglesias de la ciudad. Desde la perspectiva mexicana está claro que se inicia el ataque, pero no cómo.

El príncipe Bibescu cuenta: «Comienza el movimiento. Tres columnas se forman. La primera comprende dos batallones del regimiento de zuavos y diez piezas. Tiene órdenes de franquear el barranco, de marchar paralelamente al fuerte de Guadalupe hacia la derecha; después, una vez arriben a la altura del fuerte, girar hacia la izquierda y dirigirse hacia él. La segunda, compuesta de un batallón de marinos y de una batería de montaña servida por la marina, tiene la misión de seguir a la primera y oponerse durante su camino a todos los movimientos enemigos que vengan del flanco derecho. La tercera, formada por un batallón de infantería de marina, debe colocarse en la retaguardia de la línea formada por los zuavos y apoyarlos».

Se quedará una ambulancia detrás en una casa en ruinas en la Rementería, y atrás el convoy sobre la carretera de Amozoc.

Juan A. Mateos diría que la batalla se inició a las 11:45, la misma hora en que empezó la batalla de Waterloo, pero en honor al rigor, la hora será el único paralelo entre ambos combates.

Los franceses despliegan su artillería. Zaragoza reporta: «A las once y tres cuartos emprendió su ataque sobre el cerro de Guadalupe, comenzando por tiradores y continuos disparos de cañón, que mucho ofendieron a las habitaciones de la plaza». Un cuarto de hora después Zaragoza confirma que «se ha roto el fuego de cañón por ambas partes».

Bibescu cuenta: «Los zuavos se despliegan a los dos lados de las baterías esperando firmes la apertura de una brecha que están impacientes de atravesar».

Contado así, todo parecía más simple de lo que verdaderamente fue. Desde el punto en que están los franceses no tienen una visión cabal del fortín de Guadalupe, semioculto por barrancas, y desde luego no ven la posición de Loreto.

Lorencez descubre la poca efectividad de su artillería. Según Bibescu, «envía de inmediato al comandante de la artillería la orden de avanzar y de reiniciar el fuego. Sin embargo la disposición del terreno es tal que perdemos completamente de vista el fuerte mientras nos acercamos. Y no es posible para el artillero colocar la pieza de artillería a una distancia más cercana de dos mil metros. Se presenta una nueva barranca, al término de la cual comienzan las pendientes que conducen a Guadalupe. Así mismo el enemigo, con sus piezas perfectamente servidas desde el inicio, tiene ventaja y nos vemos forzados al término de cinco cuartos de hora de un cañoneo que agotó la mitad de nuestras municiones sin hacer daño a las defensas de Guadalupe, a dejar el destino de la jornada en nuestra sola infantería». El combate artillero ha resultado un fracaso.

Porfirio Díaz en sus *Memorias* explica que si ineficiente fue el cañoneo de los franceses, lo mismo resultó el de los mexicanos: «Los fuegos de nuestra artillería causaron al principio muy poco daño a la columna del enemigo que ascendía sobre los cerros, porque no estaba a su alcance, puesto que el de nuestros cañones era notablemente inferior a los otros cañones del enemigo que podían batirnos desde el llano, y después, porque en el ascenso seguían las ondulaciones del terreno que casi no dejaban verla».

Comienza a moverse la infantería, los zuavos llevan al frente ingenieros con explosivos, en el segundo escalón los fusileros de marina, en su flanco, para evitar una acción de las fuerzas mexicanas que estaban al sur de los fuertes, luego los cazadores de a pie y una primera reserva con los Cazadores de África. Lorencez mantiene en reserva profunda el 99 Regimiento de Infantería de Línea.

19

Sobre los muros del fuerte de Guadalupe (Mike Manning)

El general Negrete contará: «En cuanto comprendí el movimiento (...) ordené al general José Rojo que con los batallones Fijo y Tiradores de Morelia y el Sexto Nacional de Puebla, formara una columna de reserva situándose entre los dos cerros y mandara desplegar en tiradores al frente al Sexto Batallón de Puebla con orden de replegarse haciendo fuego en retirada según las columnas enemigas fueran avanzando».

No es el único que ha descubierto el plan francés. Al ver la manera como se despliegan, Zaragoza ha cambiado desde una hora antes el orden de batalla. «Este ataque que no había previsto, aunque conocía la audacia del ejército francés, me hizo cambiar mi plan de maniobras y formar el de defensa, mandando en consecuencia que la brigada Berriozábal a paso veloz reforzara a Loreto y Guadalupe, y que el cuerpo de carabineros a caballo [con los Lanceros de Toluca] fuera a ocupar la izquierda de aquéllos para que cargara en el momento oportuno».

¿Están los franceses locos? ¿Van a ir a chocar frontalmente contra los fortines? Tanta prepotencia merece castigo. Berriozábal y su brigada ascienden a paso veloz por entre las rocas. Luego dirá: «Convine con el mismo general Negrete en que con mis reservas y su brigada formáramos una batalla apoyados en una zanja azolvada». Guillermo Prieto resume en pocas palabras el movimiento de los de Berriozábal: «Vuela, llega oportuno y vigoriza». Zaragoza complementa su primer movimiento: «Poco después mandé al Batallón Reforma de la brigada Lamadrid para auxiliar los cerros que a cada momento se comprometían más en su resistencia. Al Batallón de Zapadores de la misma brigada le ordené marchase a ocupar un barrio que está casi a la falda del cerro y llegó tan oportunamente, que evitó la subida a una columna que por allí se dirigía al mismo cerro trabando combates casi personales».

El general Francisco Lamadrid reportará: «Recibí nueva orden de marchar a paso veloz con el Batallón de Zapadores a ocupar el barrio de Xonaca, para impedir que los franceses se apoderaran de tan importante punto y defender la derecha de nuestra posición de Guadalupe, seriamente amenazada entonces».

Porfirio Díaz hará el resumen: «La brigada de Berriozábal se colocó en esta forma: el Primer Batallón de Toluca apoyaba su derecha en el fuerte de Guadalupe y se extendía hacia el de Loreto y se cubría con la (...) cresta de terracería [que] estaba coronada con una línea de magueyes y le servía de foso la misma zanja y de trinchera (...); a la izquierda (...) formaba el Tercero de Toluca (...) a la izquierda del Tercero formaba (...) el Batallón Fijo de Veracruz y seguían a su izquierda las fuerzas de Tetela y Zacapoaxtla que mandaba el (...) coronel Juan N. Méndez (...) La brigada Lamadrid (...) colocó el Batallón de Zapadores en la capilla de la Resurrección y el Batallón Reforma de San Luis como reserva de la línea (...) mandado por el general Berriozábal, abrigado de la artillería enemiga, porque estaba en el descenso del cerro hacia la ciudad».

20

Zuavos en el fuerte de Guadalupe

Los dos batallones de zuavos que integran el primer puntal del ataque francés comienzan su progresión y se abren en dos columnas para atravesar la barranca. El comandante Cousin, al abrigo de los cazadores de a pie que le cubren el flanco, con un batallón al que acompañan granaderos con sacos de pólvora, «rompe hacia la izquierda» mientras otro batallón de zuavos al mando del comandante Morand se dirige hacia Guadalupe oblicuamente a la derecha, «buscando abrigo del fuego de Loreto». Dos destacamentos de zapadores siguen a esa columna; cada uno lleva consigo planchas provistas de escalones. Bibescu interpreta a Lorencez, que piensa que «la victoria depende de un golpe de audacia».

Los zuavos ascienden, perdiéndose de la vista de los fusileros mexicanos. La artillería francesa hace un fuego muy vivo por delante de ellos. De repente, aparecen frente a las avanzadas de Negrete y Berriozábal; Negrete había ordenado a los serranos de Puebla que descendieran por la ladera unos 700 metros y se desplegaran en tiradores para recibir a los franceses: el primer disparo lo hará el comandante de la cuarta compañía, Tomás Segura. Luego van retrocediendo en orden, casi los rodean; se trata de atraer a los franceses a la línea que los espera entre los dos fuertes, no más de veinte pasos de distancia entre ambos.

El general Felipe Berriozábal cuenta: «Nuestros tiradores de batalla se replegaron en buen orden, y el enemigo, con una bravura propia del soldado francés y digna de mejor causa, se arrojó sobre nosotros. Nuestros sufridos soldados, no menos valientes tal vez que los franceses, recibieron el fuego nutrido de los zuavos sin disparar sus armas, esperando la voz de mando de sus jefes». Negrete hace descender de la loma al resto de los batallones poblanos para apoyarlos y luego los tres batallones siguen retornando hacia el fuerte. El propio Negrete, que en Guadalupe espera el retroceso, comienza a recibir balazos de los franceses, le matan a su caballo, sube a un segundo, de su ayudante, y un disparo le vuela la cabeza al animal; los franceses giran hacia Guadalupe y ahí reciben los disparos de la línea de Berriozábal. El general cuenta: «Cuando tuvimos al enemigo a menos de cincuenta pasos, el general Negrete y yo mandamos romper el fuego y los valientes soldados franceses vinieron a morir a quince pasos de nuestra batalla».

Bibescu registra: «El general y su Estado Mayor siguen el movimiento de las tropas y se van a establecer en un punto para poder dirigirlas. Los reconocen y los buscan los artilleros mexicanos. Una bala golpea al caballo del subintendente Raoul y lo mata».

El general Miguel Negrete añade: «Los soldados franceses, con un arrojo que no desmentía la fama de valientes que tan justamente han adquirido, seguían avanzando al paso de carga protegidos por su artillería convenientemente situada, que arrojaba multitud de proyectiles sobre el cerro, y por el 2° Regimiento de Zuavos, que marcharon desplegando en tiradores haciendo fuego sobre nuestros soldados. El Sexto Batallón de Puebla se replegó a nuestra línea según se le tenía prevenido, en muy buen orden y haciendo un fuego bastante activo. Entonces el enemigo, creyendo descubierta la línea, carga denodadamente con una fuerte columna formada de los Regimientos 1° y 2° de la infantería de marina y es recibida por los fuegos de la artillería de Loreto y Guadalupe y por el activísimo de nuestra batalla, que no contenta con hacerlo a pie firme se lanza súbitamente sobre el enemigo que amedrentado de tal audacia, retrocede en completo desorden hasta sus posiciones donde de nuevo se organiza».

En la retórica de los posteriores partes de guerra, tanto franceses como mexicanos, todo es heroicidad y bravura, pero hay testimonios de que en algunos momentos la línea de los defensores flaqueó.

Porfirio Díaz contará: «En esos momentos la infantería que defendía el fuerte de Guadalupe, que consistía en un batallón de Michoacán, que apenas tendría uno o dos meses de reclutado, no obstante que estaba mandado por un jefe notable del ejército, el coronel Arratia, abandonó las trincheras y se replegó corriendo y en desorden dentro del templo que entonces coronaba el cerro de Guadalupe, quedando en las trincheras solo los pelotones que servían los cañones, y que pertenecían a la artillería de Veracruz». Son los veteranos artilleros jarochos los que mantienen la posición junto con la llegada de los potosinos del Batallón Reforma con el coronel Modesto Arreola a la cabeza, quienes chocan a la bayoneta con los zuavos; aun así el fuerte está en riesgo y con él el destino de la batalla.

El coronel Arratia persigue a los michoacanos que se han replegado e incluso mata a tres con su espada mientras les grita que los franceses están flaqueando. Esto reanimó a los soldados desmoralizados, los hizo salir de la iglesia y coronar de nuevo las trincheras que poco antes habían abandonado, haciendo un vivo fuego en los momentos en que las compañías del Batallón Reforma de San Luis Potosí, por la derecha, y los batallones Tercero de Toluca y Fijo de Veracruz por la izquierda, rompían los suyos a pecho descubierto y a cortísima distancia.

Berriozábal cuenta: «Las columnas fueron diezmadas por nuestras fuerzas, puestas en completo desorden y obligadas a huir al frente de los modestos soldados de México, quienes cargaron inmediatamente sobre aquellos, trabándose entre algunos soldados un reñido combate a la bayoneta que nos hizo al fin dueños del campo. El valiente coronel Caamaño tomó la bandera de su cuerpo, el Primer Ligero de Toluca al cargar sobre los invasores».

Una escena del asalto, litografía de Constantino Escalante

El general Lorencez, que dirige las operaciones desde el rancho de Oropeza, ordena a la segunda columna de zuavos, que se había frenado, que progrese hacia el fuerte de Guadalupe; vienen apoyados por la infantería de marina. Porfirio Díaz en sus *Memorias* registra: «Y los fuegos de la artillería de los dos fuertes de Loreto y Guadalupe, hasta entonces empezaron a ser eficaces, porque comenzó el enemigo a ser visible y en su mayor parte aprovecharon la metralla».

El príncipe Bibescu contará: «Mientras tanto la lucha continúa aún más terrible. A medida que nuestras columnas se acercan al fuerte, el fuego se redobla. Las murallas siguen intactas. ¡Qué lucha y heroísmo entre los hombres para escalar las formidables murallas aún intactas de Guadalupe! Quedan electrizados por la vista de su bandera, que se planta firmemente en el borde del contratalud a unos pasos de la boca de los cañones mexicanos (...). Una bala mata al portaestandarte, un suboficial que lo reemplaza cae muerto a su vez. Mientras que ese asalto prodigioso se libra a la izquierda, la columna de Morand ataca la derecha de la posición. Pero el terreno resulta infranqueable (...). Los marinos y la batería de montaña, en la reserva, son enviados sucesivamente para apoyar a los zuavos y el combate se reinicia aún más encarnizado».

Los franceses rebasan los fosos, ahí se produce el combate cuerpo a cuerpo. «En el fuerte de Loreto hay un cañón de 68 milímetros que causaba enormes estragos en las filas francesas; los zuavos realizan un empuje desesperado y se abalanzan sobre la pieza. El artillero, sorprendido por la rapidez de la columna francesa, tiene en sus manos la bala de cañón que no alcanzó a colocar en la boca de fuego. Aparece frente a él un zuavo y tras éste el resto del cuerpo que, una vez apoderados de ese fortín, levantarían la moral francesa (...). El artillero arrojó la bala al soldado francés, que herido mortalmente por el golpe en la cabeza, rodó al foso del parapeto.»

Durante mucho tiempo el narrador de esta historia pensó que el grabado de Constantino Escalante, dibujante y caricaturista de *La Orquesta*, era una invención, una alegoría, ilustrando el momento clave del ataque francés sobre Guadalupe, cuando llegaron más cerca, pero curiosamente el episodio en que un soldado mexicano enfrenta a un zuavo que se encuentra a unos metros de él, arrojándole una bala de cañón en la cabeza mientras esquiva la bayoneta, fue cierto. Porfirio Díaz cuenta que los artilleros veracruzanos estaban desarmados y «no podían rechazar el asalto de los franceses, sino usando de sus escobillones y palancas de maniobras».

En esos momentos el Batallón Fijo de Veracruz maniobró al trote para batir a la columna enemiga por su costado derecho. Negrete ordena que saquen de la línea al coronel Méndez que está gravemente herido; lo sustituye en el mando de los serranos de Puebla el coronel Ramón Márquez Galindo, que se había presentado junto con su hermano Vicente como voluntario a la hora de la comida el día anterior.

Se veían cadáveres de zuavos caídos al pie de los reductos de Loreto y Guadalupe con el tiro en la frente, justo abajo de la *calotte* rojiza, que les servía a los mexicanos para apuntar.

O bien dijo: «¡Dios mediante, primero nosotros!», o bien: «¡Ahora, en nombre de Dios, arriba nosotros!», el caso es que quedará en el registro histórico la singular frase del general Miguel Negrete cuando da a los serranos de Puebla la orden de contracargar descendiendo las laderas del fuerte de Guadalupe. Sea una u otra la fórmula de la singular sentencia, el caso es que lo que menos esperaban los franceses era ver descender sobre ellos a los serranos, descalzos y con machete, y se desbandan. Negrete hablará de 300 entre muertos, heridos y prisioneros; dejarán más de un millar de mochilas en la huida.

Zaragoza cuenta: «La caballería situada a la izquierda de Loreto, aprovechando la primera oportunidad, carga bizarramente». Se trata del pequeño cuerpo de los chinacos de Antonio Álvarez y los carabineros. Antonio Álvarez añade: «Al ser rechazadas las fuerzas enemigas me sirvió de apoyo alguna infantería, que desprendiéndose de sus posiciones, marchaba en su persecución a la carga (…). La guerrilla Solís se me incorporó en el momento solemne. A su bizarro jefe le ha costado un miembro su arrojo», y José Solís, del tercer cuerpo del resguardo, dictará a un secretario en su parte: «Emprendí en el acto la carga poniendo mi fuerza a la vanguardia de dichos carabineros, y esta fue a mi satisfacción, porque la pérdida de mi brazo derecho no hizo desmayar a mis soldados, que siguieron batiéndose con denuedo hasta que el toque de reunión en el cerro los hizo retirarse sin pérdida más que un caballo herido».

Sin embargo la carga de caballería no rompe la resistencia de los franceses, apenas logra zaherir a la columna en repliegue, que está siendo reforzada, y la infantería mexicana retorna a sus posiciones iniciales.

Tapia desde Puebla envía un nuevo telegrama optimista a la Ciudad de México: «Los zuavos se han dispersado y nuestra caballería trata de cortarlos en este momento».

La batalla del 5 de mayo, según Cusachs

L a batalla no ha terminado. Ni mucho menos.

Berriozábal, metido junto a Negrete en el centro del combate, cuenta: «El arrojo con que el valiente general Álvarez cargó en el poco terreno de que podía disponer, bastó para que el enemigo no repitiera su ataque de frente; pero sí, volvió a llamarnos la atención con algunos tiradores, mientras por el flanco derecho de la fortificación de Guadalupe cargaba una fuerte columna de Cazadores de Vincennes que con un arrojo extraordinario llegó hasta el foso, y algunos de sus soldados asaltaron el parapeto», al punto de que unos soldados sobre los hombros de los otros pretendían escalar las trincheras de Guadalupe. La reacción de los defensores lo impide y quedan treinta cadáveres franceses en el foso.

Mientras tanto Lamadrid se enfrenta a un nuevo ataque: «Cuando llegué al barrio expresado [Xonaca] ya estaba ocupado en parte por el Batallón Número 1 de Cazadores de Vincennes y una fracción del 99 de Línea. En el acto ordené al mayor (…) Telésforo Tuñón, que con doscientos zapadores, (…) defendiese nuestra izquierda y ocupase la torre de la iglesia para hostilizar y ver al enemigo y sus movimientos». Los zapadores de San Luis Potosí terminan librando un terrible combate a la bayoneta en la defensa de una casa abandonada situada en la falda del cerro. «Los franceses la toman y se guarecen en ella, siendo desalojados por los zapadores; la tornan a recobrar y de nuevo son expulsados de ella por las valientes tropas de Lamadrid. El cabo Palomino se mezcló entre los zuavos y se batió cuerpo a cuerpo con los arrogantes soldados franceses, posesionándose de su estandarte como botín de guerra al caer muerto el portador del mismo.»

Mientras la tercera carga se está produciendo en el ala derecha de la línea mexicana, la más alejada de Loreto y Guadalupe, donde se encuentran las tropas de Oaxaca dirigidas por Porfirio Díaz, un nuevo ataque francés se inicia. A este tiempo, una columna desprendida de la fuerza enemiga se echó sobre el batallón de Rifleros, que formándose en columna «resiste el primer impulso de los franceses, y ayudado por una parte de la fuerza de Oaxaca y de los Lanceros de Toluca, aunque inferiores en número, cargaron con tal denuedo sobre los franceses, que estos, después de una lucha tenaz, dieron la espalda a los nuestros, y los del 99 y los Cazadores corrieron en el desorden más completo ante los soldados mexicanos, dejando en su fuga multitud de muertos, heridos y todas las mochilas del Primer Batallón de Cazadores de a pie».

Porfirio cuenta: «Entre las dos y tres de la tarde, cuando más se empeñaba el combate en los fortines (...), observé que una gruesa columna de infantería se dirigía a mi frente apoyada por un escuadrón y trayendo a vanguardia una numerosa línea de tiradores que ya comenzaban a batir al batallón Rifleros de San Luis que (...) permaneció combatiendo en su puesto, [y] al emprender su retirada según instrucciones que prevenían al caso, ya no solo era batido por los tiradores enemigos, sino comenzaba a sufrir los fuegos de la columna. En este momento mandé que el batallón Guerrero a las órdenes del teniente coronel Mariano Jiménez, se moviese en columna hacia el enemigo y (...) lo batiese sin dejar de ganarle terreno, comprometido ese batallón en un serio combate y habiéndose alejado mucho, era indispensable protegerles y doblar su impulso en caso necesario, y a este efecto destaqué los Batallones 1 y 2 de Oaxaca (...) formados en una sola columna, y siguieron al enemigo con tal impulso que lo fueron desalojando sucesivamente de las sinuosidades del terreno que era una continuación de parapetos sobre la llanura».

Zaragoza escribe en su parte: «Cuando el combate del cerro estaba más empeñado tenía lugar otro no menos reñido en la llanura de la derecha que formaba mi frente». Prosigue Porfirio: «Las columnas francesas que por última vez y con indecible vigor atacaban al fortín de Guadalupe, se convirtieron en torrentes de fugitivos que veloces descendían del cerro y parecían pretender cortar a los que combatíamos en el valle. En este momento mandé que el Batallón Morelos que hasta entonces formaba mi reserva se moviese en columna mandada por su teniente coronel Rafael Ballesteros y con dos piezas de batalla viniese a reforzar mi izquierda, como lo hizo acabando de rechazar a las que no consumaban aún su fuga. Mandé también que por la derecha marchasen (...) los escuadrones Lanceros de Toluca y Oaxaca».

Llueven los telegramas hacia la Ciudad de México. Zaragoza escribe: «Sobre el campo a las dos y media. [Y reitera la hora:] Dos horas y media. Los hemos batido. El enemigo ha arrojado multitud de granadas. Sus columnas sobre el cerro de Loreto y Guadalupe han sido rechazadas y seguramente atacó con cuatro mil hombres. Todo su impulso fue sobre el cerro. En este momento se retiran las columnas y nuestras fuerzas avanzan sobre ellas. Comienza un fuerte aguacero».

El conde Bibescu contará: «Por un momento nos creemos a salvo cuando una caballería con las insignias del general Almonte se lanza hacia nosotros al grito de: *¡Almonte! ¡Almonte!* Sin duda son amigos, la ilusión es muy corta». Quién sabe lo que los Lanceros de Oaxaca y Toluca iban gritando, pero desde luego no se trataba de «Almonte» y menos traían sus insignias, que por cierto Bibescu no conocía, además de que la cifra que el conde dará de sus enemigos, unos 1 500, tampoco será muy exacta.

Se trataba de los Lanceros de Toluca del coronel Morales Puente y de los lanceros que dirigía el hermano de Porfirio, Félix Díaz, el Chato, no más de 200 hombres. Morales Puente cuenta: «Los perseguí en un espacio de más de quinientas varas, hasta que aquellos que habiendo llegado a un bordo situado a la izquierda del camino, se organizaron y parapetaron (...) a la vez que otro cuerpo de ellos que se hallaba emboscado en una barranca se presentó cargando sobre nuestra derecha: en estos momentos en que ya no me era posible continuar la carga por lo obstruido del terreno, comencé a hacer mi retirada en el mejor orden hasta situarme a una distancia de trescientas varas de aquella garita. Entonces la infantería [del] general Díaz lo comenzó de nuevo a hostilizar, hasta que por segunda vez emprendieron la retirada. En este momento se me previno darles de nuevo un alcance, lo cual ejecuté con el mejor éxito en un espacio de más de cien varas de terreno parejo, en donde nuestros soldados lancearon a algunos; pero después de este espacio en que ya el terreno es bastante quebrado y lleno de barrancas y bordos, y por lo mismo el enemigo encontraba en él un apoyo para resistirme, hice alto a distancia de veinte pasos del enemigo para organizar mi fuerza y retirarme, situándome después a retaguardia de los batallones Rifleros y Oaxaca que habían ido a protegerme, quienes haciendo un esfuerzo lograron quitar a aquellas las posiciones que tenían y perseguirlos hasta el centro del grueso de toda su fuerza».

Zaragoza reportará: «la columna enemiga (...) se replegó hacia la hacienda de San José, donde también lo habían verificado los rechazados del cerro, que ya de nuevo organizados se preparaban únicamente a defenderse, pues hasta habían claraboyado las fincas, pero yo no podía atacarlos porque, derrotados como estaban, tenían más fuerza numérica que la mía [lo cual no es cierto, en esos momentos Zaragoza tenía una fuerza ligeramente superior a la de los franceses]; mandé, por tanto, hacer alto al general Díaz que con empeño y bizarría los siguió y me limité a conservar una posición amenazante». Es evidente que no quiere arriesgar la victoria ya obtenida.

Hacia las cuatro de la tarde la lluvia se convierte en una fuerte tormenta que cae sobre el campo de batalla reblandeciendo el terreno. Porfirio Díaz cuenta: «Cuando en esta forma perseguía al enemigo, recibí repetidas órdenes para hacer alto y lo verifiqué, dejando a mi retaguardia el sitio del combate y con el enemigo al frente en el más completo desorden y a distancia de 700 metros».

Un testigo en la Ciudad de México dirá que las noticias «habrían de caer sobre nosotros como un rayo de luz en la tormenta, iluminando la patria».

Zaragoza a caballo, vestido con el menos elegante y más sobrio de los uniformes de paño gris, las balas haciendo música en las crines del corcel y él lleno de miedo sin mostrarlo, según confesaría, acercándose a la primera línea cuando los hombres de Napoleón el Pequeño atacaban por tercera vez. La tormenta con granizo que les apagó la cuarta carga a mitad de la tarde. Los 2 150 cañonazos que les disparamos. Los más de 500 franceses dejados en el campo, mirando con los ojos que nunca se cierran el cielo azul de Puebla.

El conde Bibescu registrará: «Son las cuatro. El general de Lorencez da la señal de la retirada». Zaragoza reitera al general Blanco: «A las cuatro de la tarde comenzó su retirada el enemigo y en este momento la acaban de emprender. Toda su fuerza, como es natural, la llevan a retaguardia de sus trenes. Mil quinientos caballos que he podido reunir, los mandé ayer para tomarles la retaguardia. A esta hora están en Amozoc». Pero no es así, la brigada de O'Horan no se encontrará allí, eran ilusiones del general mexicano que nunca tendría rodeados a los franceses. Zaragoza reporta: «Reorganizado el enemigo hasta fuera del alcance de mi artillería, no me fue posible tornar sobre él la iniciativa [en otro telegrama dirá: «No lo bato, como desearía, porque el gobierno sabe no tengo para ello fuerza bastante»] y puesto el sol desfilaron sus cuerpos para su campo, volviendo los míos a sus posiciones de la mañana, si como lo espero, se me incorporan mañana las brigadas de los generales O'Horan y Antillón, será completo nuestro triunfo, ora ataque nuevamente al enemigo, ora se retire del lugar que ocupa».

Las tropas de Oaxaca que hacen frente al repliegue francés intercambian disparos de artillería.

Finalmente el general Tapia confirma: «El vigía de la torre de catedral detalla el orden en que verifican su retirada las fuerzas francesas, y según él, no es una simple demostración de engaño a nuestras tropas sino una verdadera retirada hacia Amozoc».

El historiador monárquico Zamacois contará que «entre tanto, las bandas de música de los batallones mexicanos tocaban en los fuertes y recorrían las calles de la ciudad al son de animadas piezas celebrando el triunfo que habían conseguido». Y Porfirio Díaz en sus *Memorias* hará un justo retrato de la impresión que tenía el Ejército de Oriente: «Esta victoria fue tan inesperada que nos sorprendimos verdaderamente con ella, y pareciéndome a mí que era un sueño, salía en la noche al campo para rectificar la verdad de los hechos con las conversaciones que los soldados tenían al derredor del fuego y con las luces del campamento enemigo».

23

Cementerio de Los Álamos, donde fueron enterrados los soldados franceses

Zaragoza reportará que «la noche se pasó en levantar el campo, del cual se recogieron muchos muertos y heridos del enemigo y cuya operación duró todo el día siguiente».

Su primera estimación de las bajas francesas era que pasaba de «mil hombres entre muertos y heridos y ocho o diez prisioneros», en un segundo parte la disminuía a 600 o 700. En la noche del día siguiente, visitando los hospitales de campaña reportaba a Juárez: «Según lo que he calculado habrá habido por ambas fuerzas beligerantes una pérdida de 1 200 hombres». En los tres casos exageraba. En el parte de Lorencez se registraban 482 bajas (aunque Toral hace descender la cifra a 422, entre ellos 35 oficiales). Tampoco era correcta la primera estimación de las bajas mexicanas que hacía Zaragoza, «400 habremos tenido nosotros» cuando en realidad habían sido 215 (232 según Toral).

Luis Nava, el soldado preso que se les escapó a los franceses, reportará a los oficiales mexicanos que «observó la mucha pérdida que sufrió la fuerza francesa que se batió, entre cuya fuerza se contaron multitud de oficiales y un jefe de alta graduación, a quien sintieron mucho, y a quien después de quitarle unas medallas que traía al pecho, lo cubrieron con una funda de hule».

Zaragoza, quien probablemente no acababa de creerse lo sucedido, o como decía Guillermo Prieto, «con tal modestia que deja dudas de su propia victoria», le escribía un nuevo telegrama al ministro Blanco: «El ejército francés se ha batido con mucha bizarría; su general en jefe se ha portado con torpeza en el ataque. Las armas nacionales, ciudadano ministro, se han cubierto de gloria y por ello felicito al primer magistrado de la República, por el digno conducto de usted, en el concepto de que puedo afirmar con orgullo que ni un solo momento volvió la espalda al enemigo el ejército mexicano, durante la larga lucha que sostuvo», y luego, ya oscureciendo, telegrafiaba al presidente Juárez: «Los franceses han llevado una lección muy severa; pero en obsequio a la verdad diré que se han batido, pues en los fosos de las trincheras de Guadalupe, han venido a morir muchos (…). Sea para bien, señor presidente, que nuestra querida patria, hoy tan desgraciada, sea feliz».

En el campo contrario Bibescu registraría: «Éramos

cinco mil contra una nación entera». La lengua es más rápida que la mente y la retórica no anda en burro. Párrafos antes en sus recuentos de lo sucedido hablaba de cómo la Puebla antijuarista los recibiría en júbilo; ahora, estaban solos ante «una nación entera».

Las primeras horas de la mañana del 6 de mayo Zaragoza las pasará en el hospital donde hay 185 heridos mexicanos y 30 franceses.

24

Tomas O'Horan

El 6 de mayo Zaragoza reporta, sin sucesos a desta-
car, «en todo el día de hoy no ha ocurrido novedad
notable», pero hay cambios importantes en la corre-
lación de fuerzas. El general O'Horan ha regresado a
Puebla con su brigada y a las siete de la tarde ha entrado
en la ciudad la brigada de los guanajuatenses de Antillón
con dos mil hombres de refresco «en medio de entusias-
tas vivas».

¿Volverán a intentarlo los franceses? El 6 el ejército
de Lorencez está en Amalucan, en un «campamento,

un poco más retirado al mío. Entiendo, por todo lo que he visto hoy, que intente mañana un ataque decisivo o se retire porque no pueda guardar la posición que hoy tiene». Pero al día siguiente, el 7 de mayo, «el enemigo forma parapetos en el cerro de Amalucan y otro que a la misma altura forma puerto; tiene sus trenes cubiertos con 1 500 hombres, y 300 que tendrá sobre los carros a nuestro frente».

Dos temas preocupan al general, la seguridad de sus comunicaciones telegráficas con la Ciudad de México y las medallas que se han recogido a muertos y heridos del enemigo. Respecto al primero le escribe al ministro de la Guerra: «La persona que Vd. me encarga que esté en la oficina telegráfica no podrá decirle a Vd. sino lo que yo le transmita», y aprovecha para despotricar contra Puebla, la ciudad que lo tiene realmente enfadado por la falta de solidaridad, de apoyo económico, por la escasez de voluntarios: «De modo que yo tendré cuidado de participar cuanto ocurra de interés para evitar noticias falsas y alarmas que en la traidora cuanto egoísta Puebla circulan. Esta ciudad no tiene remedio».

Curiosamente el desamor que Puebla le producía no se extendía a los soldados de la sierra de Puebla, porque en los partes que se escribirían en esos días habría menciones especiales al valor del herido coronel Nepomuceno Méndez y a dos capitanes del Sexto Batallón de Guardias Nacionales.

El asunto de las medallas parece inicialmente intrascendente: «Es cierto que nuestros soldados han quitado muchas medallas a los soldados franceses que vencieron. Hoy dispondré que se recojan y las remitiré oportunamente. Algunos franceses lloraron cuando nuestros soldados les arrancaron sus medallas». Pero más tarde Blanco informará que se ha decidido devolver las condecoraciones a los franceses heridos y prisioneros, que por más que «han venido a nuestro suelo a traernos una guerra inicua y loca», de ellos son y se las merecieron en su día. En cambio las condecoraciones tomadas a los muertos se usarán según instrucciones de Juárez para formar un cuadro honorífico del Ejército de Oriente.

Si en el bando mexicano todo es júbilo, en el francés no faltan las recriminaciones. Nava, el prisionero escapado, contará «que entre algunos franceses que hablan el español, oyó decir que Saligny y Almonte eran unos bribones, que los habían engañado asegurándoles que los mexicanos no tenían disposición para batirlos, porque eran cobardes y carecían de armas». Martín Reyes cita a un oficial del Estado Mayor que se confiesa engañado por Almonte y Saligny: «Estamos sosteniendo una causa que no tiene y no puede tener partidarios». No hay como las derrotas para avivar la inteligencia.

Saligny le endilgará la culpa a Lorencez en un informe escrito el 26 de mayo, acusándolo de preferir el ataque frontal a darle la vuelta a Puebla, de no haber realizado reconocimientos y si bien aceptaba que dijo que los franceses serían recibidos en júbilo al entrar a Puebla, «al menos era necesario para eso que él supiera entrar en la ciudad». Iglesias recoge justificaciones de Lorencez en Francia cuando habla de que el ejército de Zaragoza tenía 12 mil hombres y que las «pobres defensas de Guadalupe» eran como Sebastopol.

25

Zarco

Francisco Zarco en un diario se reía de la incultura de una parte de la prensa francesa, sus embustes y dislates: «Llaman aldea a la ciudad de Puebla, refieren la entrada triunfal de Lorencez a dicha ciudad, cuentan la pelea de millares de gallos en Guadalajara, inventan la fuga del gobierno constitucional a Guanajuato, pintan a Gálvez y a Márquez como *honorables* personajes, sueñan que Almonte ejerce una influencia decisiva en la opinión y a veces llevan su aplomo hasta colocar a

México en la cordillera de los Andes y acusar de ingratitud a los mexicanos porque fusilaron, nada menos, que a Bolívar».

En la Ciudad de México de todo esto se hablaba y cualquiera que no estuvo allí lo había visto con sus propios ojos, poseía parte de la absoluta verdad para relatar. El vendedor de paños y el tendero, el tinterillo y el evangelista se volvieron estrategas, el monaguillo y la aguadora podían describir el caballo retinto de Zaragoza y la cachucha azul con el leve bordado en oro, como si le hubieran puesto el ojo encima hace unos instantes tan solo; el catrín sabía de sables, marrazos y mandobles y el vendedor de pájaros distinguía entre los uniformes de los Lanceros de la Libertad y los harapos rezurcidos de los zacatecanos de la brigada de Berriozábal, sin haberlos visto nunca. Todos contaban cómo caían los truenos de la naturaleza y de la pólvora a las cuatro de la tarde y la bravura enloquecida de los defensores, que al acabárseles las balas usaron las rocas y los dientes. Y desde luego hasta el más necio sabía todo de memoria, por oírlo a unos metros tan solo del protagonista.

No fue sin embargo el laurel militar del 5 de mayo el preámbulo para el triunfo definitivo. Juárez animaba la expectativa de una victoria política basándose en la muy falaz impresión de que los franceses deberían entender las grandes dificultades de la imposición monárquica en un país mayoritariamente republicano y los grandes entuertos de tratar de hacernos la guerra a tantos kilómetros de la Europa y con océano de por medio. La victoria, así, abriría negociaciones ventajosas para nuestras fuerzas. Pero nunca se produjeron.

Mientras tanto, el 8 de mayo Zaragoza registra que «el enemigo se mueve. Dudo aún que sea retirada; pero parece movimiento retrógrado. Se alarmó muchísimo el enemigo cuando le presenté toda mi fuerza a su frente. En este momento rectificaré la noticia». Pocas horas más tarde se confirma: «El enemigo por fin se retiró (...) va con muchas precauciones y desmoralizado, pernoctará hoy a dos leguas de ésta».

Un día más tarde parece que toma la decisión de pasar a la ofensiva. Sin embargo, demasiadas dudas, timideces, excesivas carencias, una derrota pondría en riesgo lo que se ha ganado. «Estoy preparando mi marcha sobre el enemigo; pero acaso no lo pueda verificar oportunamente por falta de recursos.» Y Zaragoza sigue blasfemando sobre Puebla: «En cuanto al dinero nada se puede hacer aquí porque esta gente es mala en lo general y sobre todo muy indolente y egoísta (...). ¡Qué bueno sería quemar a Puebla! Está de luto por el acontecimiento del día 5. Esto es triste decirlo. Pero es una realidad lamentable».

Finalmente Zaragoza sale de Puebla y comienza a perseguir a los franceses que se repliegan con calma hacia Orizaba. «El enemigo salió hoy de Tepeaca, pernoctará en Quecholac: voy a hacer un esfuerzo para alcanzarlo el día 14 al amanecer. A las cuatro de la mañana sigo mi marcha.»

El general Mejía, mediante los telegramas al ministerio de Guerra, da cuenta de la persecución: «Mayo 15 de 1862. Los franceses estaban detenidos en la hacienda del Agua de Quecholac, media distancia [tres leguas] de Acatzingo del Palmar [donde está Zaragoza]; y estaban rodeados por nuestras fuerzas; porque Carvajal venía por el Palmar y O'Horan estaba en Tecamachalco, para donde también fue el general Díaz, saliendo otras caballerías para el pueblo de Quecholac. Los reaccionarios no habían aparecido por allá».

«El 15 de mayo Zaragoza me escribe de Acatzingo, dice, que las lluvias le han impedido alcanzar al enemigo y no ha querido maltratar mucho su tropa: que todas las caballerías van hostilizando a los franceses y que los sigue hasta atacarlos donde los alcance.»

El 17 de mayo Márquez conecta finalmente con Lorencez y se reúnen, aunque sus columnas marcharán separadas. Un día más tarde circulan noticias falsas de que Carvajal se encontró con Márquez y lo derrotó. Lo que realmente sucederá el 18 de mayo es que una fuerza del Ejército de Oriente dirigida por el general Santiago Tapia, que va persiguiendo a Márquez, chocó con él en Barranca Seca, y a mitad del combate el traidor será reforzado por el 99 Regimiento de Línea francés dirigido por el mayor Eugène Lefèvre. El ejército mexicano será derrotado.

Cuatro días más tarde, el 21 de mayo, Zaragoza reportará que los franceses se han hecho fuertes en Orizaba. La infructuosa persecución ha terminado.

LA CHINACA

PERIODICO ESCRITO UNICA Y ESCLUSIVAMENTE PARA EL PUEBLO

El periódico liberal

La Chinaca, el periódico que produce en la Ciudad de México el sector radical de los liberales puros —Prieto, Ramírez, Chavero, Santacilia—, publica en entregas un divertidísimo diario apócrifo de un zuavo.

Prieto y sus compinches cuentan las andanzas de este supuesto zuavo cuyo diario fue tomado en Barranca Seca. ¿Qué hay de verídico en el documento? ¿Es pura invención? ¿Qué pretenden con este sorprendente texto que combina una información rigurosa de los pasos del ejército invasor por el territorio con las más locas descripciones de lo mexicano? Sin duda establecer la barbarie de los invasores, su dificultad para entender, su absoluta extranjería.

Con una prosa absolutamente ingeniosa donde la exageración y el abuso les gusta en grande y el absurdo al grado de delirante cobra forma, los autores, probablemente Prieto y Chavero, usan el sentido del humor y paralelamente realizan el difícil ejercicio de ver el mundo con los ojos de otro.

A lo largo de las páginas pasan descripciones como estas: [los mexicanos] «usan por alimento una especie de badana redonda expuesta al fuego, que llaman tortilla, nombre del animal de que la sacan nuestros guanteros; sacarían de este artículo una riqueza prodigiosa lo mismo que los *marchands* del *papier mâché*. En tan rara piel, envuelven estas indígenas temerarias cantáridas colosales llamadas *chili-vert*: el caporal de Vincennes, queriendo dar una emoción a sus tropas, se arriesgó a probar; sus ojos se convirtieron en dos ríos de lágrimas y empezó a bramar como un toro.

»En cuanto a la máquina para moler maíz, usan tortugas de tres pies que en mexicano se llaman metates, como quien dice *métele puños*». El texto define a los *coyotes* como «panteritas domésticas», le da a Quetzalcóatl la condición de «dios del aire y el comercio» y se nutre de frases como esta: «En el cráter hay algún azufre que sirve de sal a los naturales de estas comarcas para sazonar sus *fricóles*».

En medio de los dislates, los narradores aprovechan para ajustar cuentas con los traidores de Almonte y Márquez, vistos desde el punto de vista de los soldados franceses.

Miles de ciudadanos esperaban la salida del periódico para divertirse y sacar risas de pasadas angustias.

27

El cerro del Borrego

La relación de fuerzas sigue creciendo a favor de las tropas nacionales, se suma al Ejército de Oriente un Ejército del Centro dirigido por Jesús González Ortega, originario de Zacatecas, que tenía a la sazón un poco más de 40 años y que se reveló como un gran caudillo militar al vencer a los conservadores en la batalla definitiva de la guerra de los Tres Años en Calpulalpan. Lamentablemente Zaragoza y él actúan descoordinados y no con un mando único: el 14 de junio los franceses sorprenden al ejército de González Ortega en el cerro del Borrego, un promontorio de 400 metros en las afueras de Orizaba, y lo derrotan. Se pierden cerca de un millar de combatientes mexicanos.

Zaragoza establece sus líneas en Tecamalucan esperando que los franceses «lo salieran a batir y tener así la ventaja del terreno», pero estos rehúyen el segundo combate plenamente satisfechos con la victoria inicial.

De poco consuelo serviría que poco después, como cuenta Victoriano Salado Álvarez, «salieron a recorrer el camino los ayudantes de Zaragoza que querían ver de cerca a los franceses y observarles. Formaban el grupo fronterizos de pura sangre, hábiles en el manejo del caballo y la reata (…) observaron a un grupo de diez o doce franceses, muy lucido. En vez de huir se dirigieron resueltamente a ellos, que les dejaron llegar creyéndolos soldados de Márquez; desataron las reatas, hicieron lazo y antes que los confiados franceses pudieran resistir» habían detenido a cuatro, entre ellos Desleaux, jefe de la artillería de marina y de la plaza de Orizaba, al que finalmente canjearían por 40 soldados mexicanos capturados en el Borrego. De poco serviría que los franceses se mantuvieran inmóviles en Orizaba rodeados de una población hostil y que las guerrillas de Ignacio de la Llave los hostigaran; tampoco que desde fines de junio Zaragoza comenzara a planear un posible ataque. El impulso logrado por la batalla de Puebla se había perdido, el frente se estabilizaba y la invasión seguía mordiendo el territorio nacional.

El 20 de agosto Zaragoza visitó la Ciudad de México en medio de fiestas, visitas populares, pueblo llano haciendo en la calle de la Acequia, donde vivía, guardias permanentes para verlo y aplaudirle.

28

«¿Por qué no los dejan libres? Pobres muchachos»

El joven general regresará a la zona de operaciones el 27 de agosto, de nuevo visita los hospitales. Cae enfermo el día 1º de septiembre; el 3, los médicos ofrecen un diagnóstico grave, tiene tifus; es transportado a Puebla con una fiebre muy alta.

Ante la casa de la Santísima, número 8, comienza a desfilar la gente. Zarco cuenta que «en su delirio creía que combatía contra los imperiales y los traidores» y decía cosas como: «Estoy convencido de que los zuavos son cualquier cosa». Le mandó decenas de órdenes a Carvajal diciendo que si no estorbaba la retirada de los franceses lo iba a fusilar. Habían llegado a Puebla su madre y su hermana para acompañarlo. Al día siguiente decidió que estaba prisionero y sereno en el delirio pidió a los médicos que no fusilaran a sus ayudantes. «¿Por qué no los dejan libres? Pobres muchachos», fueron sus últimas palabras.

Ignacio Zaragoza murió a los 33 años el 8 de septiembre de 1862, deja una hija muy jovencita. Su prematuro final fue una desdicha para la República que había de enfrentar cinco años más la agresión y el dominio imperial. Cuatro días después del deceso, Juárez firmaba un decreto en el que se cambiaba el nombre de Puebla, dándole el de «Puebla de Zaragoza».

29

Forey

En octubre de 1862, cinco meses después de la batalla de Puebla, el mariscal Elías Forey llegó a México para dirigir a las fuerzas francesas; Lorencez pagaba su derrota. Su ejército se reforzaba hasta llegar a la cifra de 30 mil hombres.

En marzo de 1863 la ciudad de Puebla fue sitiada nuevamente por el invasor; la República se organizó esta vez de manera diferente para detener la embestida. Se contaba con dos ejércitos, el de Oriente, dirigido por González Ortega, que se situará en la ciudad, reforzada en el norte y el sur por nuevas fortificaciones, y en las afueras el Ejército del Centro, comandado por Ignacio Comonfort, expresidente y hombre lleno de dudas, recientemente reincorporado al servicio. Como era imperiosa la necesidad de unidad de los mandos, González Ortega propuso una fórmula al ministerio de la Guerra: si los franceses pasaban Puebla y seguían de frente, Comonfort estaría al mando; si la atacaban, sería él mismo comandante en jefe de los ejércitos de Oriente y del Centro. El propio Juárez participó en la discusión de esta iniciativa. El 11 de febrero ambos generales regresaron a hacerse cargo de sus tropas sin haber llegado a una decisión clara. En Puebla, González Ortega con cerca de 20 mil hombres, lo mejor del ejército nacional; en San Martín, Comonfort con un ejército novicio en su mayor parte de unos cinco mil hombres y vigilado por una opinión pública conducida por los republicanos rojos más radicales que lo tachaban de futuro traidor. El responsable de coordinar las acciones de los dos generales era Blanco, el ministro de la Guerra, que había demostrado falta de decisión y capacidad de mando en los meses previos.

González Ortega, un hombre de gran fuerza y orgullo, vivía obsesionado con el fantasma amortajado de Zaragoza y el 5 de mayo. Veía con los ojos de la imaginación a los franceses repitiendo el esquema y la fecha; sin embargo Forey parecía haber aprendido la lección, y ya no considerando al ejército mexicano una horda con plumas y arcos, se movía con extremada cautela.

Se había dejado dentro de la ciudad a 40 mil no

combatientes y eso significaba que la reserva de alimentos no daba sino para treinta días. Visto desde el optimismo eran más que suficientes, en una perspectiva pesimista eran muy pocos.

La expectación en la Ciudad de México era inenarrable. ¿Se haría el milagro? ¿Detendríamos por segunda vez a aquellos hombres reputados como el mejor ejército del mundo?

González Ortega ordenó a la caballería que saliera de Puebla para que uniéndose al ejército de Comonfort pudiera hacer presión sobre los sitiadores. Comonfort se reunió con el general O'Horan y el coronel Vicente Riva Palacio (periodista, poeta, novelista, el autor más exitoso del teatro en México en esos momentos) en la hacienda de San Jerónimo. Los dos jefes de la caballería tenían órdenes de su general de convencer a Comonfort de que urgentemente atacara la línea de abastecimientos de los franceses que corría de Puebla a Orizaba, que tratara de introducir víveres a la plaza y que combinara esfuerzos con él para combatir al enemigo. Comonfort dudaba, con el argumento de que no había órdenes expresas del ministro de la Guerra. El reporte de la plaza no era malo, la moral estaba alta, abundaba el entusiasmo, resultaba difícil que entraran paseando los franceses. Sin embargo, los víveres y las municiones y la relativa facilidad que los imperiales tenían para abastecerse eran problemas que en días habrían de hacer crisis. Ante la falta de resolución, Riva Palacio y O'Horan se entrevistaron al día siguiente con el presidente Juárez. Riva Palacio tenía la orden de hacer guerra de guerrillas en los caminos entre Orizaba y

Puebla si no lograba una decisión clara del mando supremo: no la hubo, y tampoco le permitieron hacerlo.

Los combates en la ciudad de Puebla se dieron siempre bajo un terrible bombardeo. En Correos (el Palacio de Comunicaciones) de la Ciudad de México, Guillermo Prieto, exministro, periodista, quien sería el poeta más popular del país, iba recibiendo los mensajes, ponía una copia del telegrama en la mano de un mensajero y éste salía corriendo hacia Palacio para entregarla al presidente mientras él se asomaba a un balcón para leerlo a la multitud que allí se congregaba. Así se narraron los primeros bombardeos del fuerte de San Javier, conocido como de Iturbide, las primeras cargas infructuosas de los franceses; quizá sea la única batalla en la historia cuyos resultados fueron conocidos primero por el pueblo que por el presidente de su país.

Pasaron los días, avances minúsculos, contraataques y Puebla se sostenía. Parecía una quimérica aventura: dos meses ya y los franceses, a pesar de haber conseguido horadar las primeras defensas, no lograban romper la resistencia y se veían obligados a gastar tropas y días para ganar cuando mucho unos metros. Si cedía una barricada se combatía casa por casa. El Ejército de Oriente lograba un milagro: una tropa que en dos meses no había cobrado salarios, que no comía rancho completo desde que se inició el sitio y que tenía que contar las municiones antes de hacer los disparos. «Bendita patria», diría Guillermo Prieto.

Cuando Puebla suministraba la esperanza, las noticias de la batalla de San Lorenzo se derramaron sobre la República como un balde de agua fría. El 8 de mayo el Ejército del Centro fue destruido; el único punto de apoyo externo para la ciudad sitiada se había desmoronado. Un albazo. Las líneas de tiradores franceses, desplegadas a menos de mil metros de los republicanos, surgieron de la niebla. Los oficiales están ausentes: los sorprenden. Comonfort, desesperado, carga solo, sable en mano, a lavar la vergüenza; sus ayudantes de campo lo detienen, tres heridas tiene su caballo tordillo.

Los primeros rumores se vuelven historias tangibles y patéticas cuando los derrotados llegan a la capital en pequeños grupos. Las tropas eran de reciente formación, con jefes y oficiales que no tenían mayor mérito que el amor a la patria. La disposición defensiva era un desastre, no había más que un escalonamiento por divisiones a gran distancia unas de otras: la segunda división formaba una masa desordenada como a unos mil metros de retaguardia de la primera, embutida en una especie de barraca en la fábrica de Panzacola.

Un joven teniente coronel, originario de la zona minera de Guanajuato, Sóstenes Rocha, al mando de un batallón de zapadores, se juramenta con dos oficiales para detener la vanguardia francesa que avanza en línea de tiradores, y se quedan atrás del ejército en desbandada. Uno de sus amigos, el capitán Rivera, se envuelve en la bandera; luego se la han de quitar del pecho al cadáver. Se atrincheran en el camposanto del convento de San Lorenzo, usando las tapias del cementerio. Frenan a los franceses durante una hora, son superados diez a uno. Abandonan el panteón y se refugian en la iglesia; ahí continúan combatiendo hasta que se acaban las municiones. Terminarían siendo capturados, más de la mitad de sus hombres han muerto, de los restantes casi todos están heridos.

El coronel Riva Palacio, con la segunda brigada de la caballería de O'Horan, contuvo la fuga, ayudando a salvar los restos del ejército. Menciones a su heroísmo.

Comonfort, agobiado por la responsabilidad, con la honra y el orgullo perdidos y pesadumbre de suicida, se ofreció para ser sujeto a consejo de guerra; el Ejecutivo ignoró la petición por verla inconveniente. Muchos querían hacer leña del árbol caído: era absolutamente inútil, ni siquiera como ejemplo. Comonfort entonces renunció al mando del Ejército del Centro. Ya era tarde.

La Puebla que tanto había denostado Zaragoza se volvió heroica; quizá porque sus peores hijos abandonaron la ciudad, y los que se quedaron estaban dispuestos a compartir el sacrificio del Ejército de Oriente. Una ciudad de 40 mil habitantes en los momentos claves del sitio, que albergaba poco más de 20 mil soldados; dos meses de permanente bombardeo, hambre. Por dos veces, el 12 de mayo, la población civil trató de abandonar la plaza. Dos veces mujeres y niños intentaron cruzar las fortificaciones y pasar las líneas enemigas, y dos veces los franceses cañonearon a la multitud desarmada para evitar que saliera, sabiendo que esas bocas extras causarían mayor embarazo aún a los sitiados y sin compadecerse del hambre y de la neutralidad de los no combatientes.

Cinco días después del desastre de San Lorenzo caía Puebla.

Ante la imposibilidad de conseguir que ingresaran alimentos y municiones, tras 62 días de sitio, en inferioridad numérica, con las defensas quebrantadas, González Ortega convocó a una reunión de oficiales superiores y les hizo saber su decisión de rendir la plaza. Pidió opinión; no se produjeron voces discordantes. Una vez hubo transmitido la comunicación al mariscal Forey, quemó los papeles, hizo volar la pólvora, destruyó los cañones y las armas.

Fueron tomados prisioneros 20 generales, 303 oficiales de alta graduación y 12 mil suboficiales, cabos y soldados; casí todo lo que quedaba del ejército profesional mexicano.

La entrada de Forey se produjo cruzando el mutismo de las calles, cortando un silencio espeso; ni una mujer en las ventanas ni curiosos rondando las esquinas, ninguna autoridad para oficializar la entrega de la ciudad, ningún portón abierto. Solo desentonó el mal habido clero poblano, lanzando al vuelo algunas campanas y celebrando un tedeum en la catedral en honor de los soldados invasores. En Veracruz, que llevaba ocupada dos años, se cerraron los comercios y las mujeres se vistieron de luto bajo la hosca mirada de los franceses.

Solo cinco mil de los once mil prisioneros aceptaron formar filas en el ejército reaccionario de Leonardo Márquez. La enorme mayoría de los oficiales fueron conducidos a pie hacia Veracruz al negarse a firmar un acta de neutralidad y de sumisión, muchos de ellos se fugaron posteriormente para sumarse a las guerrillas republicanas, varios otros fueron deportados a Francia.

30

Guillermo Prieto

Guillermo Prieto terminaba un artículo a mediados de marzo del 63 con un par de frases: «Fe en el porvenir: los pueblos son invencibles». En ese mismo escrito decía: «Si se toma un fuerte, quedarán los otros fuertes. Después quedan las torres de las iglesias, los patios, los cementerios, los claustros, las celdas. En cada pieza se hace un castillo, en cada puerta una muralla (...). Y cuando todo se haya perdido tendremos todavía por patria la tumba».

31

La Ciudad de México

En 1864, ya con los franceses dominando las ciudades de Puebla y México, el 5 de mayo, segundo aniversario de la batalla, un grupo de mujeres vestidas de luto se hizo presente en el cementerio para poner flores en la tumba de Zaragoza. Un diario local decía que pase la aflicción, pero que mucho cuidado con la sedición, porque «puede llevar a un consejo de guerra».

Un año más tarde, en 1865, la Ciudad de México se llenó de pasquines pegados en las paredes. La autoridad intervino persiguiendo sin resultado a los que los colocaban, aunque quién sabe cómo, la policía imperialista afirmaba en la prensa que se trataba de una sola persona que había pegado en las paredes no más de unos 300.

En 1900 la prensa conservadora poblana iniciaba una ofensiva sui géneris tratando de quitarle méritos a Zaragoza y diciendo que Negrete era el que verdaderamente había dirigido la batalla. Se trataba de una operación política orquestada por el porfirismo para controlar la historia; matar por segunda vez, como se hizo en el caso de Escobedo, a los héroes militares liberales para dejar a Díaz solitario y propietario de la Reforma.

Luego, todo se ha vuelto nombre de calle y de estación de metro, bronce conmemorativo y desmemoria, ceremonia cívica que consume a los adolescentes al sol en el patio de la escuela, demagogia y desamor. Vacío.

32

Un zuavo cae abatido por un chinaco

Después de la segunda batalla de Puebla, lo que parecía el final fue el principio. Juárez y su gobierno tuvieron que abandonar la Ciudad de México iniciando una lenta marcha hacia el norte, siempre replegándose ante el avance francés. Maximiliano llegó a México y se coronó emperador. Fracasaron los intentos de crear un ejército que contuviera en el centro-norte de la República el avance de los imperiales, y en sus manos fueron cayendo las ciudades más importantes del país. Surgió la guerrilla, la resistencia de Oaxaca, la chinaca de Romero en los bosques del Estado de México, la guerrilla fantasma en Tamaulipas, la guerrilla michoacana, los combates de los norteños en Sonora, Nuevo León, Chihuahua.

El final es conocido aunque algún día habría que volverlo a contar.

33

El Nigromante

Víctima del ardor patrio y harto de que sumie-
ran al país en la desdicha y a él personalmente lo
persiguieran y bombardearan (pocos días antes el buque *La Cordelière* había disparado sus cañones sobre
Mazatlán), Ignacio Ramírez, el Nigromante, en un discurso en la plaza del pueblo, conmemorando el 5 de
mayo dos años más tarde, soltó la más sorprendente
diatriba contra Francia y sus ciudadanos.

Tenía 47 años en ese momento. Nacido en plena
guerra de Independencia en San Miguel el Grande,

Guanajuato, hijo de mestizos y habiendo estudiado en San Gregorio, tenía Ramírez (según su amigo Guillermo Prieto) la erudición de la rata de librerías por haber pasado su juventud refugiado y encerrado en las bibliotecas de San Gregorio y Nacional, leyendo todo lo que pasaba por sus manos: libelos y alegatos jurídicos, novelas y recetas de cocina, incluso libros de ciencias ajenas a su futuro desenvolvimiento, como las naturales. También pasó muchos meses asilado en el convento de San Francisco donde, atestiguando miserias de los frailes, prostituciones y simonías, se hizo el ferviente anticlerical que todos conocemos.

El Nigromante abría fuego de la siguiente manera: «Henos aquí, franceses y mexicanos, ante el tribunal de las naciones (...) ¿Quiénes son nuestros enemigos? ¿Quiénes nosotros?». A partir de ahí atribuía las perversiones de Napoleón III y de los franceses a la tierra que los vio nacer y que era descrita como «esta abundancia de terrenos planos, felizmente regados por la naturaleza, obliga al francés a vivir en las grandes ciudades y le hace imposible la vida de los campos». Una vez establecido el pecado aprovechaba para mencionar de pasada que los franceses no tenían idea de lo que era el vino, porque «el francés en tiempo de los romanos no sabía cultivar la viña».

No calmado por ese insulto terrible, lo hacía extenso a su pericia minera pues como «tienen sus minas abandonadas (...) vienen a *civilizarnos* y a explotar las nuestras».

Francia, descrita en su apasionada diatriba como «país de parias, ilotas, vasallos y proletarios (...) necesita de un sistema teocrático en lo moral y aristocrático en lo político para contenerlos (…) esto produce en lo religioso la superstición y en lo político el envilecimiento. Influencias detestables del clima».

Y el clero, bueno, de ese mejor no hablar, porque «ahora mismo que los franceses vienen *a civilizarnos*, el obispo de Grenoble vende, a cinco francos la botella, un agua que la Virgen le bendijo y acaban de exhibirse ante Nuestra Señora de París algunas falsas reliquias».

Tras dejar claro que los jesuitas son franceses, que la Inquisición es francesa y que el peor autoritarismo tiene un origen histórico francés, le quedaba establecido de manera diáfana que «a la civilización que nos conducen es a la Edad Media».

Ya desatado, el buen Nigromante acusaba a los franceses de entregarse «al matrimonio para convertirlo en adulterio», de imitar todo y no inventar nada, de invadir México «para tener colonias como los ingleses», y en resumen, aquellos defensores de la monarquía resultaban «animales degenerados, son franceses».

Afortunadamente la Comuna de París vendría a matizar años más tarde su pensamiento.

Benito Juárez

Miguel Negrete e Ignacio Mejía sirvieron a la República fielmente y acompañaron a Juárez en su huida al norte, colaborando en la reconstrucción del ejército que habría de derrotar a Maximiliano en Querétaro. Junto a ellos se encontraban Escobedo, Porfirio Díaz y Berriozábal, quienes en 1863 fueron hechos prisioneros por los franceses y tras fugarse hicieron la guerra del lado republicano hasta el final. Tomás O'Horan chaqueteará después de la segunda derrota de Puebla; tras servir a los imperiales como prefecto de la Ciudad de México, a la caída del imperio fue capturado y condenado a muerte. Miguel Blanco, ministro de la Guerra, terminó traicionando; capturado tras la guerra fue indultado por Juárez y murió en la oscuridad.

Martín Reyes registra que el banquero Jecker fue fusilado en los últimos días de la Comuna de París tras ser descubierto cuando intentaba salir de la ciudad bajo un nombre falso. El agiotista que diera los argumentos a la intervención cayó bajo las balas del proletariado.

Dubois de Saligny cayó en desgracia en 1863 y regresó a Francia. Con fondos de origen muy oscuro se compró un castillo llamado Le Prieuré en el departamento del Orne, se dio el título de conde y pasó el resto de su vida reclamándole al gobierno francés supuestas deudas y exigiendo sin fortuna su reincorporación al servicio diplomático. Según los vecinos, era un hombre vicioso que golpeaba a su mujer, una mexicana. Murió en 1883. Enterrado en el centro de la ciudad de Saint-Martin-du-Vieux-Bellême, cuando se movió el cementerio a las afueras su tumba desapareció y la leyenda local dice que de ahí el placer de los jóvenes de danzar en la plaza sobre la tumba del viejo «conde».

Gustave Léon Niox y Porfirio Díaz, tras haber combatido en bandos diferentes, se encontraron finalmente. En 1911, el general francés que había escrito la gran historia de la intervención le ofreció una visita guiada por París al dictador derrocado y en el exilio. Lo llevó a varios recintos y sobre todo lo acompañó a visitar el Museo de los Inválidos en París; llegaron hasta la tumba de Napoleón Bonaparte y Niox, sacando la espada que Napoleón usara en Austerlitz, se la entregó a Porfirio, quien respondió que no merecía tocarla, recibiendo del francés el elogio: «Nunca ha estado en mejores manos». Tal para cual, par de viejos chochos y autoritarios.

35

El coronel Juan N. Méndez nació en Tetela de Ocampo

Poco después de la batalla, las informaciones que daban como definitoria del combate la contracarga del Sexto Batallón de los serranos de Puebla comenzaron a volverse populares y en la voz de muchos se atribuyó a los nativos de Zacapoaxtla la hazaña. Probablemente fuera Negrete el que iniciara el asunto al hablar del «batallón de Zacapoaxtla», pero el caso es que la prensa se haría eco, Julio Zárate lo registraría un año más tarde y el Nigromante lo glosaría en Mazatlán varios años después: «Los indígenas de Zacapoaxtla que ignoran si un papa los ha declarado racionales».

Sin embargo, no habían sido los zacapoaxtlas los autores de la hazaña de las milicias de la sierra, sino nativos de Tetela de Ocampo, Xochiapulco, del municipio de Cuetzalan, de Zacatlán y de comunidades del municipio de Zacapoaxtla; con la excepción de uno, eran de otros pueblos, no de la cabecera. De los 169 combatientes que componían el Sexto Batallón, solo uno, Nacho Betancourt, era de esa localidad.

A lo largo de los años la villa de Zacapoaxtla se llevó una gloria que no se merecía y los de Tetela y las otras poblaciones fueron ignorados por más que enviaron escritos, presentaron protestas, aportaron documentación de toda índole y absoluta fidelidad.

La paradoja es que Zacapoaxtla había sido una ciudad conservadora durante la guerra de Reforma, fue tomada a sangre y fuego por los liberales, y seguiría siendo base reaccionaria durante el imperio al grado de crear una brigada que apoyó a un batallón austriaco en la quema de algunas otras de las comunidades liberales de la Sierra.

En este país en que la injusticia abunda, no sería malo reparar este agravio histórico. La gloria del 5 de mayo no es de Zacapoaxtla, sino de Tetela y las comunidades de la Sierra Norte.

Vista de Puebla de Zaragoza

En estos últimos años los regidores panistas pobla-nos decidieron quitarle el apellido a su ciudad y sustituir el nombre oficial de Puebla, o sea «Puebla de Zaragoza», por su primitivo nombre colonial, «Puebla de los Ángeles».

Le dieron legitimidad a su acto con el voto de 61 por ciento en una consulta al 4 por ciento de los habitantes del municipio. O sea, unas dos personas de cada cien habitantes de la ciudad.

Puebla es una ciudad singular donde eternamente han convivido en choque frontal el pensamiento más retrógrado de México y el más progresista. No es en balde la ciudad cuyos obispos decidieron ofrecer un tedeum a las fuerzas francesas que la conquistaron, y también la de aquellos campaneros que se robaron casi todas las cuerdas de las campanas ese mismo día para impedir que repicaran y se las llevaron a Juárez a la Ciudad de México.

En aquellos días, el autor de este recuento no tenía objeciones a la recuperación del viejo nombre colonial de «Puebla de los Ángeles», lo que me parecía un acto de gansterismo ideológico era retirar el nombre del general Ignacio Zaragoza. Si alguien merece tener su nombre asociado a la ciudad de Puebla es Zaragoza por las razones que los que han leído este libro comprenderán, y así lo escribí en un artículo publicado en *La Jornada*.

Quizá el conservadurismo poblano se estaba vengando de las frases que en su día Zaragoza pronunció sobre la ciudad, quejándose de su falta de colaboración contra la invasión: «Ese pueblo levítico hijo de frailes y de monjas», o de las dichas en esa otra carta cuando señalaba que no había colaboración con el ejército republicano porque se trataba de «gente mala en lo general y sobre todo muy indolente y egoísta» y que terminó enfureciéndolo al grado de que cuatro días después de la batalla llegó a decir: «Qué bueno sería quemar a Puebla».

Lo que sin duda constituyó material para la decisión (¿Lo sería? ¿Leen esos munícipes poblanos?) fueron las palabras que el general premonitoriamente escribió, quizá exagerando o pensando en lo que los legisladores panistas habrían de hacer 140 años más tarde: «El estado de Puebla ha sido malo, es malo y será malo, toda vez que no tiene patriotismo».

Puebla fue fundada en la leyenda por un grupo de

ángeles despistados que perdieron el rumbo, pero sin duda fue refundada por ángeles morenos, campaneros que no querían que sus campanas sonaran a gloria para los franceses, y ángeles de Tetela de Ocampo de la brigada Negrete.

En ese debate abierto, me pronunciaba por una solución malignamente conciliadora y proponía que el nombre oficial fuera «Puebla de los Ángeles de Zaragoza» y llamaba a los poblanos de bien, que afortunadamente abundan, a que repararan la injusticia y canallada que se había producido. Naturalmente nadie me hizo caso.

Pero pocos meses después la propuesta era declarada como anticonstitucional, en la medida en que un edicto municipal no podía pasar por encima de uno presidencial (Juárez decretó el nombre) y las autoridades municipales poblanas tenían que destinar a la basura la papelería «oficial» que elaboraron.

Justicia vil.

Sobre las fuentes

Los diferentes partes y telegramas del general Zaragoza sobre la batalla están en una edición especial del *Boletín del Archivo General de la Nación* (segunda serie, No. 2, 1962), que recoge además una visión de la batalla desde la prensa norteamericana, la documentación sobre la enfermedad y muerte de Ignacio, los partes de Miguel Negrete, Porfirio Díaz, Félix Díaz, el coronel José Solís, el general Berriozábal, el coronel Morales Puente, el general Francisco Lamadrid, el general Antonio Álvarez y el general Ignacio Mejía. Puede conseguirse en internet una colección de todos los telegramas cursados por Zaragoza, el cuartel maestre Mejía, el gobernador militar de Puebla, el ministro de la Guerra Blanco y Juárez durante los días claves.

La reconstrucción de la batalla es particularmente compleja porque tienden a confundirse en los testimonios las tres cargas que da el ejército francés sobre el fuerte de Guadalupe según en qué zona de la línea mexicana se encontraban los mandos; quizá la información más rica proviene de las *Memorias* de Porfirio Díaz, escritas mucho tiempo después, tal vez por ello no la más precisa.

Las cartas de Zaragoza previas y posteriores a la batalla están en *Cartas al general Ignacio Mejía* (Instituto Nacional de Antropología e Historia, 1962) y *Cartas y documentos,* con una buena nota biográfica de Jorge L. Tamayo (Fondo de Cultura Económica [FCE], 1962).

El tomo VI de *Benito Juárez. Documentos, discursos y correspondencia,* editado por Jorge L. Tamayo (Libros de México, 1973) reúne una gran cantidad de materiales de primera mano. Son particularmente interesantes el tomo V de *México a través de los siglos* escrito por José María Vigil (Cumbre, 1971), así como las *Memorias* de Porfirio Díaz (Conaculta, 1994) y las biografías de varios de los personajes de esta historia en *Liberales ilustres de la Reforma y la Intervención,* en la edición facsimilar de Enrique M. de los Ríos (Porrúa, 2011).

Utilicé varios escritos de Guillermo Prieto que se encuentran repartidos en distintos tomos de sus *Obras completas* (Conaculta, 1997). El tomo XI de las *Obras completas* de Francisco Zarco recoge sus artículos periodísticos de 1862 (Centro de Investigaciones Jorge L. Tamayo, 1992). «Ramírez y los franceses» surge de la antología *México en pos de la libertad* (Empresas Editoriales, 1949), en particular del discurso de Mazatlán del 5 de mayo de 1864. Es ilustrador y divertido el texto de Guillermo Prieto, A. Chavero y Pedro Santacilia, «Impresiones de un viaje (1862). Traducción libre del diario de un zuavo, encontrado en su mochila, en la acción de Barranca Seca», publicado en *La Chinaca* en junio-septiembre de 1862.

Poco material se puede obtener de historias generales de la intervención a excepción del que se halla en el tomo II de *La gran década nacional* de Miguel Galindo (FCE, 1987) e *Intervención francesa en México* (Quinto

Sol, 1986) del ruso A. Belenki que aporta fuentes diferentes a las tradicionales.

Son interesantes las novelas de Juan A. Mateos, *El sol de mayo* (Porrúa, 1974), *Puebla* de Victoriano Salado Álvarez (edición de la Colección Málaga, 1945) y *Tiempo de héroes* de Víctor Hugo Flores Solís.

Dos fuentes francesas fueron importantes: el libro editado originalmente en 1868 de George Bibescu, *Le corps Lorencez devant Puebla, 5 Mai 1862. Retraite des cinq mille*, edición facsimilar de BiblioBazaar (que me tradujo amablemente José Ramón Calvo); por cierto que en diferentes ediciones el autor será llamado indistintamente Georges y George y Bibescu o Bibesco; y Gustave Léon Niox, *Expédition du Mexique, 1861-1867: Récit politique & militaire* (J. Dumaine, 1874), aunque a diferencia de Bibescu, Niox llega a México al año siguiente de los acontecimientos.

Las biografías de Zaragoza sorprendentemente no son muchas, quizá la única abundante en información es la de Federico Berrueto (Secretaría de Gobernación, 1962); en ese año la misma dependencia reeditó un folleto originalmente publicado en 1862, *La vida del general Ignacio Zaragoza* de Manuel Z. Gómez, secretario durante un tiempo del militar. Además: Luis Ramírez Fentanes, *Zaragoza* (Secretaría de la Defensa Nacional [Sedena], 1962); Guillermo Colín Sánchez, *Ignacio Zaragoza: evocación de un héroe (*Porrúa, 1963) e *Ignacio Zaragoza. Victoria y muerte* de Manuel Arellano y Felipe Remolina.

Daniel Moreno tiene un excelente trabajo titulado *Los intereses económicos en la intervención france-*

sa. Para narrar la siniestra intervención del banquero y agiotista suizo, Martín Reyes Vayssade escribió el libro definitivo: *Jecker, el hombre que quiso vender a México* (Joaquín Mortiz, 2005), que va mucho más allá del personaje, explicando brillantemente el intríngulis diplomático y su cobertura financiera.

Entre los estudios específicos de la batalla y sus antecedentes, el libro de Pedro Ángel Palou, *5 de mayo 1862* (Gobierno del Estado de Puebla, 1982); Miguel Sánchez Lamego, «El combate de Atlixco del 4 de mayo de 1862», en internet, y el estudio militar del general Jesús de León Toral, *Historia militar. La intervención francesa en México* (Sociedad Mexicana de Geografía y Estadística, Sección de Historia, 1962).

La segunda batalla de Puebla puede seguirse con detalle en dos libros: *La defensa de Puebla,* de Benjamín Vicuña, que incluye un amplio prólogo de Daniel Moreno (B. Costa-Amic, 1978) y *Diario de las operaciones militares del sitio de Puebla en 1863,* de Francisco P. Troncoso (Cajica, Puebla, 1972).

Para deshacer el mito zacapoaxtla: Venancio Armando Aguilar Patlán, «Heroica ciudad de Tetela de Ocampo» (2011) y la documentación del archivo de la familia Molina-Bonilla, incluidos los estadillos de combatientes del Sexto Batallón de la Guardia Nacional de Puebla según los archivos de la Sedena.

Además utilicé el tomo I de las *Lecturas de Puebla* (FCE, 1994), la *Historia de México* de Niceto de Zamacois; Julius Schiving, *Impresiones de un zuavo* (Microprotecsa, 1961) y mi propia novela *La lejanía del tesoro,* de la cual he canibalizado breves fragmentos.